Claus Bühler

In Bewegung

Ein autobiografischer Zugang zu Körpererfahrung,
Selbststeuerung und Bewegungskunst

Mit einem Vorwort von Luise Reddemann

Umschlagabbildung © Dr. Bernd Schober
Porträtaufnahme © Dorothea Bühler

ISBN 978-3-86813-057-7

© Edition Noack & Block in der Frank & Timme GmbH
Berlin 2018. Alle Rechte vorbehalten.

Das Werk einschließlich aller Teile ist urheberrechtlich geschützt.
Jede Verwertung außerhalb der engen Grenzen des Urheberrechtsgesetzes ist ohne Zustimmung des Verlags unzulässig und strafbar.
Das gilt insbesondere für Vervielfältigungen, Übersetzungen, Mikroverfilmungen und die Einspeicherung und Verarbeitung in elektronischen Systemen.

Herstellung durch Edition Noack & Block,
in der Frank & Timme GmbH,
Wittelsbacherstraße 27a, 10707 Berlin.
Gedruckt auf säurefreiem, alterungsbeständigem Papier.

www.noack-block.de

für Doro und Jan

Vorwort

Bücher, die fachliche Inhalte und persönliche Erfahrungen der Schreibenden miteinander verbinden, sind hierzulande eher selten. Claus Bühler aber gelingt es eindrucksvoll, den Leserinnen und Lesern sein berufliches Tun aus seiner Biographie heraus verständlich zu machen. Allein deshalb ist es ein ermutigendes Buch.
Wir erfahren, wie sich aus den verschiedenen Bereichen, die den Autor angeregt und bereichert haben, im Laufe der Zeit ein Ganzes entwickelt hat: Claus Bühler ist neugierig und offen für immer wieder neue Erfahrungen und das Lernen von Neuem. Das entspricht ganz dem Geist seiner Lehrerinnen und Lehrer, insbesondere Anna Halprin und Moshé Feldenkrais, denn diese beiden Namen stehen – zumindest für mich – für lebenslanges Lernen und eine offene Geisteshaltung.
Die Stärke und Wirksamkeit der Feldenkrais-Arbeit liegt in Haltungen wie „Absicht, Klarheit und Präzision, verbunden mit einer genauen und *gefühlten* Kenntnis der menschlichen Bewegung, sowohl in der körperlichen wie auch der geistigen Dimension" (S. 112). Feldenkrais-Arbeit ist nach meiner Erfahrung angewandte Achtsamkeitspraxis, um diesen inzwischen häufig verwendeten Begriff zu nutzen. Es geht darum, sich dem eigenen Körper und seinen Funktionen auf liebevolle Weise anzunähern und durch das Kennenlernen seiner Funktionsweisen neue Möglichkeiten zu entdecken und zu integrieren. Dieses Erkunden des Körpers geschieht geduldig, macht Freude und erlaubt Erfahrungen von Befreiung und Freiheit.
Dies alles beschreibt Claus Bühler auf berührende Weise, indem er den Leserinnen und Lesern Einblick in seine persönlichen Erfahrungen gewährt – gleich einer Einladung zu einem „Versuche es selbst". Und auch für jene, die die Feldenkrais-Arbeit oder eine der anderen

vorgestellten Methoden bereits kennen, wird das Buch eine Bereicherung sein; nicht zuletzt deshalb, weil hier auf einer sehr persönlichen Ebene beschrieben wird, wie so vieles miteinander verbunden ist und wie die Feldenkrais-Praxis den einen Teil mit allen anderen verknüpfen kann.

Luise Reddemann

Inhalt

VorWeg
Ruheschwebelage 13
Organische Bewegung 16

1 Frühe Prägungen
Weiter oben 21
Mein kurzes Bein 29
Körperertüchtigung 33

2 Der Weg zu Tanz und Körperausdruck
Ortswechsel 37
Sport oder Leibesübungen 43
Tanz wird zum Schwerpunkt 45
Pantomime 49

3 Movement Awareness
Ein ganzes Jahr unterwegs – statt einer Planstelle 53
Soto – mein kalifornischer Lehrer 56
Movement Awareness Training 61
Ideokinese – Körperhaltung und Imagination 64
Movement Ritual – mehr als fließende Bewegungen an der Erde 70
Exkurs – die Bedeutung von Formen für das Lernen durch Bewegung 74
Capoeira – eine brasilianische Bewegungskunst 77
Kontaktimprovisation – Berührung und getanzte Kommunikation 81
Exkurs – Bewegungen sind Metaphern 86

4 Tanz und Psychiatrie
Fun Dance – die Entwicklung eines eigenen Stils 89
Psychiatrie – Erfahrungen in einem neuen Arbeitsfeld 92
Tausend Flyer – ein fragwürdiger Grund
Feldenkrais zu lernen 97

5 Feldenkrais
Schnee über brauner Erde – Die Feldenkrais-Ausbildung
beginnt 101
Bewusstheit durch Bewegung – Semipermeable
Membran des Geistes 106
Präzise und absichtsvoll – die martialischen Wurzeln
der Feldenkrais-Methode 109
Denken ohne Worte 114
Zwischenlandung – meine inneren Prozesse 117
Bewusstheit durch Bewegung – Feldenkrais
in der Gruppe 123
Berufspolitik – die Gründung der Internationalen
Feldenkrais-Federation 127
Zukunftsperspektiven 129

6 Im Knast und unter Psychotherapeuten
Entscheidungslücke und Selbststeuerung – Feldenkrais-
Arbeit mit straffälligen Jugendlichen im Gefängnis 131
Selbstbild und selbstbestimmtes Handeln 136
Lust auf Lindau – als Referent bei den Lindauer
Psychotherapiewochen 139

7 Psychosomatische Aspekte der Feldenkrais-Methode
Funktionale Integration – Die Einzelarbeit in der
Feldenkrais-Methode 143
Bewegung ist Denken ist Fühlen ist Emotion 153
Banale Ursachen körperlicher Probleme und Dialog
mit dem beleidigten Körper 156
Mein langes Bein und Musik – multiple Gründe für eine
neue Hüfte 162

8 Tanz trifft auf Feldenkrais
Dance Aware – eine Verbindung von Feldenkrais und
Tanz 167
Andalusien – das Cortijo de la Loma 172

9 Brasilien
Girl von Ipanema – eine Tanzreise nach
Salvador da Bahia 177
Noch mal Brasilien – mein eigenes Projekt 182

10 Tanz in der Natur
Anna Halprin – Tänzerin und Lehrerin 195
Tanz in der Natur 208
Deep Nature – eine Tanz- und Klangperformance
im Wald 211

11 Zusammengefügt
217

Danksagung
221

Nachbemerkung
223

Literatur
224

VorWeg

Ruheschwebelage

Du liest diese ersten Zeilen, und was du erfasst, sind keine einzelnen Buchstaben, sondern ganze Wörter oder halbe Zeilen oder gar noch mehr. Deine Aufmerksamkeit richtet sich auf den Inhalt dieser Zeilen, es entsteht die Erwartung, dass bald etwas Interessantes kommt. Würde der Text jetzt wirklich interessant werden, dann verschwände so nach und nach das Gefühl für deinen Körper. Du verschwindest im Text oder seiner Handlung, und es gibt höchstens noch deine Hand, die das Buch hält.
Aber dieser Text will deine Physis nicht verschwinden lassen, ganz im Gegenteil. Du könntest jetzt nämlich prüfen, ob du deinen Hals zu dem Buch hin vorgereckt hast, und ob das für deinen Nacken angenehm ist. Sind deine Schultern hochgezogen? Wie viel Kraft wendest du in deiner Hand und dem Arm auf, um das Buch zu halten? Sind deine Zähne aufeinander gebissen oder ist dein Unterkiefer in der Ruheschwebelage?
Ruheschwebelage!
Ein Wort, das man sich auf der Zunge zergehen lassen sollte, eines der schönsten Wörter für einen ausgeglichenen Körperzustand. Die Ruheschwebelage ist gekennzeichnet durch einen kleinen Abstand der Zähne vom Unterkiefer zum Oberkiefer bei weichen Lippen. Es gibt sie nicht nur im entspannten Zustand, sie kann sogar dann funktionieren, wenn du einen anstrengenden Bergpfad hochwanderst und es auf einer Seite steil in die Tiefe geht; der Unterkiefer schwebt, das Nervensystem hat eine Baustelle weniger zu beachten und kann sich auf die sicheren Tritte fokussieren.
Ruheschwebelage, lass dieses Wort auf der Zunge zergehen. Ist deine Zunge jetzt gerade von innen gegen

die Zähne gedrückt oder an den Oberkiefer angesaugt, ist sie mittig oder zu einer Seite hin ausgerichtet? Da ist so viel Körper, den du spüren könntest. Und dabei haben wir noch gar nicht den unteren Rücken angesprochen, ob die Lendenwirbel gut aufgerichtet sind oder rund in den Bändern hängen und die Bandscheiben nach hinten Richtung Rückenmark quetschen. Oder ob die Füße gelassen auf dem Boden stehen.

Geht das eigentlich, Lesen und gleichzeitig auf den Körper achten? Ein bekannter Neurophysiologe sagte einmal, dass Multitasking eigentlich Blödsinn sei. Niemand kann die Aufmerksamkeit auf zwei Dinge gleichzeitig richten, weshalb bei einem Kongress auch keine zwei Referenten gleichzeitig für das gleiche Auditorium einen Vortrag halten.
Was manchem gelingen mag, ist ein schneller Wechsel von einem Gegenstand der Aufmerksamkeit zu einem anderen. Oder zwei anderen. Wenn man Pech hat, verpasst man allerdings die entscheidenden Momente an der Stelle, wo man gerade nicht anwesend ist.
Wer hat noch nicht innerlich geflucht, wenn beim Fernsehkrimi genau zum Zeitpunkt der Auflösung des Verbrechens das Telefon klingelt und auf dem Display zu sehen ist, dass jemand Wichtiges am anderen Ende der Leitung ist.
Es geht nicht gleichzeitig, und es geht doch! Nämlich dann, wenn es um die Konzentration auf eine äußere Wahrnehmung oder Tätigkeit und ihre Verbindung zum körperlichen Grundgefühl geht.
Der amerikanische Neurobiologe Antonio Damasio bezeichnete dieses Grundgefühl als *Offline-Karten*, die durch individuelle Lebenserfahrungen geprägt und tief in uns verankert sind.
Aus diesen Erfahrungen sind Verhaltensmuster entstanden, die wesentlich sind für unser Selbstbild, für die Art, wie wir in der Welt sind und sogar für unsere

Entscheidungsfindungen. Sie liegen eine Ebene tiefer als die *Online-Karten*, über die wir unseren aktuellen Gemütszustand wahrnehmen.
Für ein selbstbestimmtes Leben ist es enorm hilfreich, wenn wir gelernt haben dafür bereit zu sein, dass sich dieses Grundgefühl aus den Offlinekarten in den Vordergrund schiebt und uns darauf aufmerksam macht, dass die aktuelle Situation einer Änderung oder zumindest einer Überprüfung bedarf.
Unter dem Stress und den vielen Anforderungen unserer modernen Lebensweise kann dieses Grundgefühl völlig verschüttet sein. Wir können es aber auch wieder aufwecken. Und, mehr noch, die Plastizität unseres Gehirns erlaubt es uns, diese Offlinekarten zu verändern und weiter zu entwickeln.
Damit verbessern wir die Art wie wir in der Welt sind und erlauben uns, Steuermann oder Steuerfrau auf unserem Schiff zu sein. Der Schlüssel zu dieser Veränderung sind Bewegung und Achtsamkeit.
Bewegung und Achtsamkeit zu schulen gibt es viele unterschiedliche Methoden, was von Vorteil ist, denn die Vorlieben, die Lernfähigkeit und die individuellen Voraussetzungen sind für jeden Menschen unterschiedlich.

Du könntest direkt damit anfangen.
Kannst du spüren, ob du in den Brustkorb atmest oder hinunter zum Becken? Breitet sich dein Atem in den unteren Rücken aus? Spüre deine Sitzknochen und stell dir deine Körperlängsachse vor. Lass beim Einatmen in Gedanken deinen Atem entlang dieser Linie nach unten in Richtung zum Beckenboden strömen – beim Einatmen nach unten, beim Ausatmen nach oben.

Organische Bewegung

Stell dir den Körper vor mit seinem Skelett, also mit den Längenverhältnissen der Knochen und den vorgegebenen Bewegungsmöglichkeiten der Gelenke. Beispielsweise kann man den Unterschenkel im Knie nur nach hinten beugen, oder der Spielraum eines Beines ist durch die Konstruktion des Hüftgelenks vorgegeben.
Stell dir weiterhin die Muskeln vor, wie sie sich zwischen ihrem Ansatz und ihrem Ursprung zusammen ziehen und bestimmte Gelenke auf definierte Weise beugen oder strecken.
Wenn nun für alle Muskelaktivitäten der optimal angemessene Kraftaufwand eingesetzt wird, so müsste das Bewegungsverhalten zwischen verschiedenen Individuen weitgehend angeglichen sein, alle müssten sich weitgehend uniform bewegen. Dies ist aber nicht der Fall.
Wer einmal eine neue Sportart gelernt hat, weiß, dass man zu Beginn übermäßig viel Kraft aufwendet. Erst mit zunehmender Sicherheit und Übung werden die Bewegungsabläufe geschmeidiger, indem der überflüssige Kraftaufwand unterbunden, in der Sprache der Physiologie *gehemmt* wird. Der Prozess der Hemmung verläuft nicht linear und auch nicht vollständig, auch wenn er sich immer weiter verfeinern lässt.
Die Unvollständigkeit des Lernprozesses führt zu den individuellen Unterschieden, die zusätzlich dadurch bedingt sind, dass unser Bewegungsverhalten von frühester Kindheit an vielen äußeren Einflüssen ausgesetzt ist. Sie haben ihre Spuren hinterlassen und bewirken, dass für bestimmte Bewegungen mehr Kraft als nötig aufgewendet wird oder dass manche Körperteile auf Kosten anderer *Überstunden* leisten.
Einen Bekannten erkennen wir in größerer Entfernung auf der Straße recht zuverlässig an seinem Gangbild

oder seiner Körperhaltung. Diese Individualität bleibt immer erhalten, sie lässt sich nicht *wegökonomisieren*. Stattdessen lautet die Frage, wie weit jemand überflüssigen Kraftaufwand reduzieren kann, um sich auf diese Weise einem Bewegungsverhalten ohne parasitäre Bewegungen anzunähern. Wie also jemand sein Leben ohne unnötigen oder gar unsinnigen Kraftaufwand und mit mehr Leichtigkeit gestalten kann.
Feldenkrais nannte Bewegungen, die nicht zum Erreichen einer Absicht benötigt werden, parasitär. Ein typisches Beispiel sind zusammen gebissene Zähne oder die Luft anzuhalten, wenn man etwas Schwieriges tun will, wie etwa einen Faden durch das Nadelöhr zu stecken. Die Kaumuskeln helfen dabei bestimmt nicht, und die Luft anzuhalten bringt höchstens weniger Sauerstoff zu den grauen Zellen ins Gehirn.

Ziel im Bewegungslernen sollte es sein, die optimale Körperhaltung und das optimale Bewegungsverhalten mittels einer besseren *individuellen* Ökonomie zu erreichen, und nicht durch Anpassung an ein von außen vorgegebenes Bild, wie es die Rückenschulen vorschreiben.
Das schließt jedoch nicht aus, dass sich Bewegungen verschiedener Individuen angleichen werden, je organischer sie sich entwickeln.
Aus diesem Grund habe ich auch einen kritischen Blick auf das Gerätetraining in Fitness-Studios. Auch wenn dort der Kraftaufwand und der Bewegungsradius vom Trainer an die Übenden angepasst werden, so bleiben die Bewegungsrichtungen doch in einer durch die Mechanik der Geräte vorgegebenen und festgelegten Bahn. Die menschliche Feinkoordination ist jedoch um vieles differenzierter, als dass sie durch ein mechanisches Übungsgerät dargestellt werden könnte.
Ein Muskel wird stärker, wenn er gefordert wird, und die Kraft geht verloren, sobald diese Anforderung wie-

der ausbleibt. Letztlich trainiert man an Geräten die Muskeln, die nötig sind, um die Gewichte und Widerstände ebendieser Geräte zu bewältigen.

Vieles, was in der traditionellen Haltungserziehung auf den ersten Blick logisch erscheint, macht bei genauerem Hinsehen wenig Sinn. Bauchmuskeln als Mittel gegen das Hohlkreuz zu stärken bedeutet, dass man die Kraft- und Arbeitsmuskulatur trainiert, deren Funktion nicht die Körperhaltung, sondern das Ausführen von Tätigkeiten und Handlungen ist.

Die Stärkung von Arbeitsmuskeln, um das Skelett auszurichten, bringt daher zusätzlich zu der parasitären Muskelaktivität mehr Kraft und damit zusätzlichen Druck auf die Gelenkflächen, deren Knorpelschicht dadurch beeinträchtigt oder gar geschädigt wird.

Knorpel wird im Erwachsenenalter nicht durch Blutgefäße versorgt, sondern durch eine Art Schwammprinzip. Würde man in der Badewanne unter Wasser einen Schwamm ausdrücken, so füllt er sich anschließend wieder aus der ihn umgebenden Flüssigkeit auf. Dieses Prinzip gilt auch für den Knorpel.

So lange Gelenkflächen einem Wechsel von Druck und Entlastung unterliegen, wird der Knorpel ausgedrückt und füllt sich aus der umgebenden Gelenkflüssigkeit erneut mit Stoffen, die zu seiner Versorgung und Erhaltung dienen. Ein dauerhaft zu hoher Druck auf die Gelenkflächen führt daher zu einer Minderversorgung und Schädigung des Knorpels. Ein solch erhöhter Muskeltonus kann durch ungünstige Bewegungs- und Haltemuster ebenso verursacht werden wie durch psychischen Stress.

Statt also ein Krafttraining zu absolvieren wäre es viel richtiger, ein inneres Gefühl für die Organisation und Koordination der kleinen Muskeln an den Wirbelgelenken und -Fortsätzen zu entwickeln und darüber die Aufrichtung zu stärken.

Erst danach – oder in Kombination damit – kann es sinnvoll sein, die oberflächliche Muskulatur zu trainieren.

Die Feldenkrais-Methode wird häufig im Zusammenhang mit Entspannungsverfahren genannt. *Entspannung* ist jedoch nicht ihr Ziel, nicht einmal eine notwendige Voraussetzung für ihre Wirksamkeit. Auch wenn Gelassenheit weiter führt als Anspannung: wie könnte jemand handlungsfähig und wirksam sein, während er völlig entspannt ist?

Und ist nicht Neugierde die angenehmste Antriebsfeder für einen Lernprozess? Ist es möglich, entspannt neugierig zu sein? Viel wichtiger ist eine angemessene Körperspannung und damit verbunden das Erkennen von neuen Möglichkeiten oder besseren Wegen, die Dinge zu tun, die zu tun sind. Dazu später mehr.

1 Frühe Prägungen

Weiter oben

Ich muss etwa vier Jahre alt gewesen sein. Wir gingen die Straße entlang ein paar Meter von der Haustüre entfernt. Ich führte meinen Vater an der Hand. Plötzlich machte es neben mir einen mächtigen *Dong*, und ich hatte ihn voll gegen eine Laterne geführt. Mein Vater war blind, 1942 in der Ukraine als junger Soldat durch Granatsplitter verwundet. Die Verwundung rettete ihm mit einiger Sicherheit das Leben, denn der Vormarsch der 6. Armee ging ohne ihn weiter und führte zu ihrem Untergang bei Stalingrad.
In unserer Wohnung hatten alle Dinge ihren festen Platz, Sessel standen immer an der gleichen Stelle, sodass der Weg für ihn frei war und er sich dazwischen bewegte, dass man glauben konnte, er würde sehen. Von klein auf waren meine Schwester und ich darauf eingestellt, bereit zu sein, wenn er Hilfe brauchte. Seine erste Massagepraxis war in unserer Wohnung, und dort war er vollkommen autark. Die Termine seiner Patienten hatte er alle im Kopf, und das waren nicht gerade wenige.

Meine Mutter besorgte den Haushalt, kochte, machte die Buchführung für seine Praxis und achtete auf sein Aussehen und das von uns Kindern. Auch auf ihr eigenes. Sie hatte einen feinen Stil und Geschmack entwickelt, suchte seine Kleidung aus, und wenn die beiden ausgingen, waren sie immer geschmackvoll und passend zueinander angezogen.
Ich habe einmal gehört, dass es im alten Japan als Merkmal von guter Bildung galt, mit Farben und ihrer Zusammenstellung gut umgehen zu können.

Aufgewachsen in einem winzigen Dorf in Schwaben hatte sie früh ihre Mutter durch Krebs verloren und arbeitete beim benachbarten Großbauern als Magd, oder besser gesagt, wurde von ihm ausgebeutet. An eine mittlere oder gar höhere Schulbildung war für sie nicht zu denken. Sie war immer zurückhaltend, und obwohl sie so stilsicher war, brauchte sie Bestätigung von uns Kindern gerade in Bezug auf Aussehen und Kleidung. Von ihrem blinden Mann konnte sie in dieser Hinsicht nicht die Komplimente erwarten, die ihrem Selbstbewusstsein gut getan hätten.

Als Frau hatte sie für die damalige Zeit sehr früh ihren Führerschein gemacht, und in einem Sommerurlaub fuhr sie die ganze Familie in unserem blauen Opel in zwei Tagen von Mannheim nach Riccione an der italienischen Adria. Meine elfjährige Schwester musste auf dem Beifahrersitz die Karten lesen, und mein Vater saß mit mir Fünfjährigem hinten im Opel, während mir schlecht wurde und ich mich in der schlimmsten Kurve am Zirler Berg, wo sich die Straße hinunter ins Inntal windet, erbrechen musste.
Wenn wir heutzutage an den Gardasee fahren, frage ich mich jedes Mal, wie sie diese übermenschliche Leistung vollbringen konnte. Stundenlang am Steuer durch unbekannte Gegend, die Verantwortung für eine ganze Familie mit kleinen Kindern und einem blinden Mann, Übernachtung suchen, mit fremder Währung zurechtkommen, und dann auch noch die hochsommerliche Hitze in Italien aushalten und sich an die Besonderheiten dieser anderen Küche gewöhnen.
Später kochte sie gerne Osso bucco oder gratinierten Fenchel – was sie als Anregung von diesem Urlaub mit nach Hause genommen hatte.

Mit seiner Massagepraxis war mein Vater recht erfolgreich. Er berichtete stolz, wie der Professor bei seiner

Ausbildung seine Hand hochgehalten und zu den Mitschülern gesagt hatte, *seht her, das hier ist die Hand eines Masseurs.* Ich habe mich immer gefragt, ob es eine Umschulung nur für Kriegsblinde war oder wer da hinschauen sollte. Für mich war diese Blindheit völlig normal, auch die schlimm im Gesicht verletzten und entstellten Kameraden meines Vaters waren für mich nicht im Geringsten erschreckend oder gar abstoßend. Oft verdeckten sie mit dunklen Brillen die vernarbte Haut, die bläulich grau schimmerte von Granatsplittern, die nicht entfernt werden konnten. Wenige von ihnen wirkten resigniert und deprimiert, die meisten habe ich mit Lebensfreude und voller Humor in Erinnerung.

Als ich meinem Vater einmal zum Geburtstag die neue Udo Jürgens Platte schenkte, waren meine Eltern gerührt über mein so passend ausgewähltes Geschenk, in dem der Text *denn immer immer wieder geht die Sonne auf, und Dunkelheit für immer gibt es nicht* vorkam. Dass man diesen Satz wie eine Blendgranate auf die Situation meines Vaters beziehen konnte, fiel mir allerdings erst auf, als sie das sagten – mir selbst hatte einfach die Musik gefallen, vor allem die bombastische Akkordfolge des Klaviers in der Mitte von diesem Textabschnitt.

Eine große Auswirkung auf mein späteres Leben war, dass es für meinen Vater die körperliche Berührung gab, statt uns mit den Augen zu erfassen. Wenn ich mich neben ihn aufs Sofa kuschelte, kam ich oft in den Genuss seiner geübten Hand an meiner Schulter, dem Arm oder am Rücken. Er massierte immer irgendwen, seine Hand war immer auf der Suche nach verspannten Stellen oder den Verläufen der Muskulatur. Auch als ich größer war, tat er das noch. Wenn ich auf einem Stuhl am Tisch saß und er sich näherte, nahm er mit seinen

Händen Kontakt auf. Ich kann mich aber nicht erinnern, dass er jemals mein Gesicht ertasten wollte.
Einmal, als ich ihn bei einem Spaziergang an der Hand führte, drückte er mit der Schulter in meine Richtung. Ich erwiderte den Druck und er sagte, *siehst du, daran kann man erkennen, ob man einander sympathisch ist.*
Natürlich war er immer der erste Ansprechpartner, wenn es um Sportverletzungen, Muskelkater oder die Funktionsweise des menschlichen Bewegungsapparates ging.

Seine geübte Hand gefiel auch seinen Patientinnen, und es gab einige darunter, die ihm nicht nur ihre verspannten Muskeln darboten. Das blieb meiner Mutter nicht verborgen, und sie bestrafte ihn durch tagelanges Schweigen. Sie stellte ihm weiter den Teller mit seinem Mittagessen hin, aber er musste schon selber heraus finden, was darauf war.

Für meine Schwester und mich hatte unser Vater eine *grundsätzliche* Autorität, die auch erhalten blieb, wenn wir ihn bei Gesprächen am Tisch mit Blicken und sparsamen Gesten hintergingen und heimliche Kommentare oder Informationen austauschten. Dass Kinder die Schwächen ihrer Eltern ausnutzen, gehört wohl in die Entwicklung zur Selbstständigkeit hinein.
Später, gegen Ende meines Sportstudiums, lernte ich Pantomime und entwickelte mit einigen Gleichgesinnten mehrere Bühnenprogramme, die wir auf Kleinkunstbühnen in Süddeutschland aufführten. Auch für diesen Zusammenhang wurde mir erst viel später bewusst, dass ich eine schweigende Kunstform gewählt hatte, mit der ich mich dem Urteil meines Vaters entziehen konnte.
Viele weitere Jahre später nahm ich Gitarrenunterricht und sang und spielte ihm bei einem Besuch in seiner Wohnung im Seniorenheim ein paar Stücke vor. Mein

Selbstverständnis war weit genug entwickelt, dass es mir nichts mehr ausmachte, mich seinem Urteil auszusetzen. Aber entweder war meine Bossa Nova nicht sein Geschmack, oder sein Gehör war mittlerweile so schlecht, dass ihn das Zuhören mehr anstrengte, als dass es ihm Vergnügen bereitete.
Diese Kombination von Blindheit und abnehmendem Gehörsinn im zunehmenden Alter meines Vaters erfüllte mich mit großer Traurigkeit, wenn ich es überhaupt an mich heranlassen konnte.

In meiner Gymnasialzeit führten wir oft politische Diskussionen, er in der konservativen, gesetzten Rolle wie bei dem Song *father and son* von Cat Stevens, und ich fordernd, ungeduldig und nicht immer solide darüber informiert, welche Meinung ich da gerade vertrat. Aber nicht selten konnte ich bemerken, wie er Tage später im Gespräch mit seinen Freunden schlüssige Teile meiner Argumentation übernommen hatte.

Ein anderer – in des Wortes treffender Bedeutung – *Gesichtspunkt* im Umgang mit meinem blinden Vater wurde mir ebenfalls erst sehr spät bewusst und verlangte ein gründliches Umlernen einer Verhaltensweise: Bei Gesprächen hatte ich ihm nie in seine Glasaugen, die er heraus nehmen konnte, gesehen, sondern auf den Mund. Diese Angewohnheit übertrug ich auf den Kontakt mit anderen Gesprächspartnern, und das mag ein Grund dafür gewesen sein, dass ich mich über Jahre nur mit wenigen Klassenkameraden auf *Augenhöhe* fühlte.
Über lange Zeit trainierte ich dann regelrecht, bei Gesprächen einen angemessenen Blick in die Augen meines Gegenübers zu lenken, und selbst heute taucht für mich dieses Thema gelegentlich wieder auf.
Bis vor wenigen Jahren gab es den geflügelten Begriff von den abwesenden Vätern. Er gilt, vielleicht abgese-

hen von einigen jungen Familien, auch heute für den größten Teil unserer Gesellschaft. Ich hatte einen anwesenden Vater. Auch wenn er nicht immer die besten Tipps für mich hatte oder zumindest nicht die, die ich gerne hören wollte. Als ich versuchte, ihm meine erste zarte Verliebtheit vorsichtig und verschüchtert mitzuteilen, dachte er wohl gleich ans Vögeln und riet mir, mich lieber erst mal beim Sport zu verausgaben. Ich hatte gehofft, er wäre stolz darauf, dass sein Sohn nun im Erwachsenenalter angekommen war, zumindest fühlte ich mich so.
Grundsätzlich war er aber unterstützend für alle meine wesentlichen Lebensentscheidungen, für meine Reisen, die Wahl meiner Partnerin oder für meine beruflichen Kapriolen.

Ständig habe ich eine hohe Aufmerksamkeit auf Vorgänge in meiner Umgebung und wundere mich, dass ich müde bin, wo ich doch gar nicht viel getan habe. Wenn ich mit Leuten spazieren gehe, habe ich immer auch deren Weg im Blick, Pfützen, Löcher oder Käfer bemerke ich lange vor ihnen und sorge dafür, dass sie nicht hinein oder drauf treten, was meinen Mitspazierern mitunter gehörig auf die Nerven geht. Wenn ich mich auf Fotos von größeren Gruppen sehe, bin ich oft der einzige, der in eine andere Richtung schaut, als müsste ich die Umgebung im Blick haben. Das wirkt auf mich irgendwie peinlich, scheint aber für andere nicht weiter aufzufallen.
Genau so scheint mein Nervensystem auf die Wahrnehmung von jeder Art von Bewegung geschärft zu sein. Wenn ein Vogel oder eine Eidechse im Gebüsch verschwindet oder sich draußen auf der Straße etwas bewegt, und wenn es nur ein paar Zweige sind, von einem einzelnen Windstoß getroffen, dann meldet mein peripheres Gesichtsfeld gleich, dass ich das mal prüfen sollte. Wenn ein Geräusch in meine Ohren kommt,

dreht sich mein Kopf automatisch in diese Richtung, ich muss abklären, ob alles ok ist, um wieder zum aktuellen Thema zurückkehren zu können.

Inzwischen habe ich etwas kultiviert, das ich *Entscheidungslücke* nenne und kann regulieren, ob ich den Kopf tatsächlich drehen will. Meistens jedenfalls.

Wir wissen, dass männliche Beifahrer im Auto schwer zu ertragen sind. Sogar mein blinder Vater wusste manchmal besser als meine Mutter, wo diese langzufahren hatte, und die Bedienung des Autoradios war sein Herrschaftsbereich.
Heutzutage hilft mir die Entscheidungslücke, den Mund zu halten, auch wenn das Motorgeräusch in mein Hirn dringt und das sagt *schalten, schalten, schalten!* Es gelingt mir nicht immer, aber immer öfter. Auf diesen Begriff der Entscheidungslücke werde ich später noch einmal zurückkommen, denn er wurde zu einer wichtigen Begründung für meine Arbeit mit straffälligen Jugendlichen im Gefängnis.

Einer Freundin fiel einmal auf, dass ich häufig Dinge wahrnehme, die sich weiter oben in der Luft abspielen; wenn Krähen einen Greifvogel attackieren und vertreiben, wenn Stare ihre psychedelischen Flugbilder in die Luft zeichnen oder wenn es interessante Wolkenformationen am Himmel gibt. Die Straßenlaterne, mit der mein Vater seine heftige Begegnung hatte, war aus meiner kindlichen Perspektive auch weiter oben, und diese Art von Missgeschick ist mir später mit ihm nicht mehr passiert.

Die Blindheit meines Vaters und das daraus resultierende Maß an Berührung hatten unzweifelhaft einen wesentlichen Einfluss darauf, wie sich meine Wahrnehmungskanäle und mein Selbstverständnis entwickelten.

Ashley Montagu schreibt in seinem Buch *Körperkontakt*, dass *das sensorische Hautsystem das wichtigste aller organischen Systeme ist. Ein Mensch kann leben, wenn er blind und taub ist, weder hören noch schmecken kann, aber ohne die Funktionen der Haut ist er nicht lebensfähig.*

Berührung ist heilsam, fehlende Berührung schafft in der Entwicklung eines Kindes Defizite. Massierende Hände geben der Haut eine angenehme Berührung und haben einen Einfluss auf die Tiefenrezeptoren, die Drucksensoren in der Haut und die Dehnungsrezeptoren in Muskulatur und Bindegewebe. Durch Berührung reift die Eigenwahrnehmung, und ich bin dankbar, dass ich davon eine Menge bekommen habe.

Wie wäre es, jetzt einmal darauf zu achten, welche Signale gerade aus der Körperperipherie im Gehirn ankommen, einen tiefen Atemzug zu nehmen, die körperliche Eigenwahrnehmung in den Vordergrund zu bringen, sich ein wenig zu strecken und zu dehnen und mit Bewegung die Lebensgeister aufzuwecken? Wie wäre es, anschließend den Blick vom Buch zu heben, nach *weiter oben*, aus dem Fenster zu schauen und draußen ein entspannendes Grün für die Augen zu finden?

Mein kurzes Bein

Ich war immer ein zartes Kerlchen. Erste Versuche meiner Eltern, mich in einen Kindergarten zu geben, scheiterten trotz der schönen neuen Provianttasche, die sie mir gekauft hatten und auf die ich mächtig stolz war. Aber kaum hatte mich meine Mutter im Kindergarten zurück gelassen, heulte ich, bekam keinen Kontakt zu den anderen Kindern und verweigerte jedes Spielzeug, das mir angeboten wurde. Die meisten Kinder führten zwar ebenfalls ein Theater auf, solange ihre Mütter noch in Sicht- und vor allem Hörweite waren, doch kaum waren die Mütter gegangen, beruhigten sie sich, nahmen völlig selbstverständlich ein Spielzeug und gesellten sich zu den anderen Kindern.
Mir gelang dieser Wechsel nicht. Ich konnte mich nicht beruhigen und reagierte schließlich sogar mit Fieber, sodass ich nach wenigen Wochen wieder zu Hause bleiben durfte.
Das einzige, was mich im Kindergarten interessiert hatte, waren die Orffschen Instrumente. Da ich aber ein Neuzugang war, sollte ich nur singen und durfte nicht einmal die Triangel spielen. Damit war das Kapitel Kindergarten für mich endgültig erledigt.

Den Einschulungstest, bei dem damals noch die rechte Hand über dem Kopf hinweg das linke Ohr berühren sollte und umgekehrt, bestand ich mit sechs Jahren nicht wirklich und durfte noch ein weiteres Kulanzjahr zu Hause verbringen.
Ich spielte mit meinen bunten Holzklötzen, später mit Lego, aus dem ich bevorzugt Tresore baute, in die Münzen mit einem ausgeklügelten Mechanismus um ein paar Ecken hineinfallen aber nicht mehr herausgeholt werden konnten. So war ich mir selbst genug und übte mich nicht sonderlich darin, soziale Kontakte aufzubauen.

Mit sieben führte dann kein Weg mehr an der Einschulung vorbei. Die Lehrerin für die ersten beiden Schuljahre hatte ein Händchen für die zarter besaiteten ABC-Schützen, und ich fühlte mich zunehmend wohl. Im dritten Schuljahr bekamen wir Frau Rümmele. In meiner Wahrnehmung war sie uralt und sehr streng, mit grauen, straff zurückgezwungenen Haaren, die sich hinten in einem Knoten versammelten.
Obwohl ich beim Lernstoff gut mitkam, erinnere ich mich noch eindrücklich an das Drama der ersten Rechenarbeit. Kaum waren die Aufgaben gestellt, wurde mir vor Aufregung so übel, dass ich brechen musste. Das half aber nicht, ich musste meine Angst überwinden und die Arbeit trotzdem schreiben. Das Ergebnis fiel besser aus als gedacht.

Später an der Uni hatte ich in abgemilderter Form noch immer diese Aufregung und Scheu vor Prüfungen und anderen exponierten Situationen. Irgendwann beschloss ich, mich zu desensibilisieren, indem ich mich in jedem Seminar mindestens einmal zu Wort meldete, egal wie profund oder banal mein Beitrag sein würde.
Manchmal sprechen mich bei zufälligen Begegnungen heute noch ehemalige Kommilitonen, deren Namen und Gesichter ich längst vergessen habe, mit meinem Namen an. Ich hatte mich durch dieses Selbstüberwindungstraining aus meiner scheuen Nische in die größere Öffentlichkeit herausgearbeitet und in die Erinnerung mancher Leute eingeprägt.

Der Wechsel von der Grundschule aufs Gymnasium machte mir keine Mühe. Nach wie vor war ich ein zartes Bübchen, und dass meine neue Schule sich gerade von einem reinen Jungengymnasium zu einer koedukativen Schule gewandelt hatte, war für mich von Vorteil. Von Anfang an saß ich mit Mädchen zusammen in der Bank und musste mich nicht mit Machogehabe den anderen Jungs gegenüber profilieren. Frühpubertär verehrte und bewunderte ich meine Klassenkameradinnen, war aber weit davon entfernt, eine Freundin zu finden. Da waren die älteren Schüler aus den höheren Klassen eindeutig im Vorteil.

Um nicht so klein hinter meinem Schülerpult zu sitzen, schlug ich mein linkes Bein unter und setzte mich auf meinen Fuß, was mich einige Zentimeter größer machte. Immer war es das linke Bein und immer der linke Fuß, durch meine ganze Gymnasialzeit hindurch und vor allem in der Phase meines Längenwachstums.
Als ich mich zur Musterung in der Bundeswehrkaserne vorstellen musste, fanden die Ärzte Eiweiß im Urin und stellten eine chronische Nierenbeckenentzündung fest. Das rettete mich vorläufig vor dem Wehr- und Zivildienst und ermöglichte mir nach dem Abitur das direkte Abtauchen in die Uni. Die Diagnostik ging jedoch weiter und auf dem Röntgenbild meiner Nieren fiel vor allem eine deutlich verkrümmte Lendenwirbelsäule ins Auge, welche die Folge eines gehörigen Beckenschiefstands war.
Hatte mein Masseurvater das nicht bemerkt? Das hatte er offensichtlich nicht, genau so, wie die Kinder von Schustern ja angeblich mit Löchern in den Schuhsohlen herum laufen. Ein fähiger Orthopäde zog die richtigen Schlüsse, maß die Länge meiner Beine und stellte fest, dass mein linkes Bein fast zwei Zentimeter kürzer war als das rechte.
Den Zusammenhang, dass mein Bein vom jahrelangen darauf Sitzen abgeklemmt, unterversorgt und dadurch kürzer war, wollten im Laufe der Zeit nicht alle Schulmediziner, mit denen ich zu tun hatte, wahrhaben.

Für mich ist es mehr als offensichtlich. Es gibt im Körper banale bis skurrile Ursache-Wirkungsprinzipien,

und mein kurzes Bein war eine meiner ersten Beobachtungen dieser Art.
Man könnte diesen Fall so beschreiben:
Der Minderwertigkeitskomplex eines etwas kleiner geratenen Jungen bildete eine Verhaltensweise aus, die eine konkrete organische Unterversorgung seines Beines während der Wachstumsphase zur Folge hatte. Das Bein wuchs schlechter in die Länge als das andere. Aus der Beinverkürzung resultierte ein Beckenschiefstand, der zu einer Veränderung der Nierenposition im Becken führte und damit möglicherweise die Nierenbeckenentzündung begünstigte. (Ein Nephrologe bestätigte mir diese Möglichkeit). Zum Nierenproblem gesellte sich das Thema der verkrümmten Wirbelsäule, bei der fast zwangsläufig Rückenschmerzen entstanden.

Dieser Junge – also ich – bekam eine Schuherhöhung zum Ausgleich der Beinverkürzung, und es dauerte ein volles Jahr, bis sich meine Wirbelsäule aufgerichtet, auf die ungewohnte aber gesündere horizontale Beckenposition eingestellt hatte und die Muskulatur einigermaßen passend umgebaut war. Die Schmerzen, die mit dieser Veränderung einher gingen, ließen nach.
Es war eine neue, andere Statik im Körper entstanden, die allerdings wenig flexibel war: sobald ich barfuß unterwegs war, vielleicht an einem Strand, dann reagierte mein Rücken nach kurzer Zeit mit Schmerzen.

Das änderte sich erst, als ich mit über dreißig Jahren erste Erfahrungen mit der Feldenkrais-Methode machte. Trotzdem blieb das kurze Bein ein lebensbegleitendes Thema.

Körperertüchtigung

Ich war ein schlechter Werfer, kein guter Sprinter, und von Raufereien hatte ich mich immer fern gehalten. Höher, weiter, schneller waren nicht meine Sportarten, und Ringen oder Kraftsport kamen für mich überhaupt nicht in Frage.
Als ich in einem Ferienlager Boxhandschuhe angezogen bekam und kämpfen sollte, war ich in kürzester Zeit total außer Atem und beschwerte mich heulend über die unfairen Hiebe meines Sparringpartners zum Kopf, die uns ausdrücklich verboten waren. Im Freibad traute ich mich wegen meines schmächtigen Oberkörpers nicht, mein Hemd auszuziehen, wenn Mädchen auf der Wiese waren – also nie.
Es musste folglich etwas passieren. Zu dieser Zeit kamen die „Bali-Geräte" in Mode, überdimensionale kunststoffummantelte Sicherheitsnadeln, die man zusammendrücken musste, um so die Arm- und Rumpfmuskulatur zu trainieren. Für die Massagepraxis wurde so ein Gerät angeschafft, und ich durfte es jederzeit benutzen. Damit wurde ich sehr ehrgeizig und trainierte täglich.
Meine Mutter bekam das mit und zu Weihnachten bekam ich als weiteres Fitnessgerät einen Expander – zwei Griffe mit mehreren stabilen Gummizügen dazwischen, mit dem ich meine Armstrecker und Rückenmuskeln trainieren konnte.
Manchmal zeichnete ich heimlich Männer mit muskulösen V-förmigen Oberkörpern und versuchte mich diesem Ideal anzunähern. Ich machte Liegestütze und Klimmzüge, und in der nächsten Schwimmbadsaison zog ich selbstbewusst mein T-Shirt aus.

Abseits der Kraft- und Schnelligkeitssportarten begann ich mich für den Fechtsport zu interessieren. Dafür brauchte man eine coole Ausrüstung mit weißer Fechtkleidung aus massivem dicklagigem Stoff und einen Drahthelm mit einem stabilen Lederkragen vor dem Hals, in dem man schön schwitzte und der bald im Spind im Keller des Sportvereins seinen spezifischen muffigen Geruch entwickelte.

Wir schafften es auf die badischen Meisterschaften, wo wir regelmäßig an der starken Mannschaft aus Tauberbischofsheim scheiterten, deren Fechtmeister später zum Bundestrainer wurde.

Fürs Fechten brauchte man Kondition, und ich begann mit langen Waldläufen mehrmals die Woche. Das Laufen war Bestandteil des Friesenkampfes, eines Wettkampfes, bei dem es um Vielseitigkeit ging und der eine Vorstufe für den Modernen Fünfkampf war: außer dem Fechten musste man Langstrecke laufen, Schwimmen, Kugelstoßen und mit dem Luftgewehr schießen.

Wenn wir früher unsere Verwandten im Schwäbischen besucht hatten, erlaubte mir mein Onkel, der Jäger war, mit seinem Luftgewehr zu schießen. Er selbst musste mit dem Mittelfinger abdrücken, weil er im Sägewerk seinen Zeigefinger verloren hatte. Manchmal hielt er zu unserem Vergnügen den Fingerstumpf an sein Nasenloch, sodass es aussah, als könnte er sich mit dem Fingernagel am Gehirn kratzen.

Wir schossen vom einen Ende der Scheune auf eine kleine Zielscheibe, die wir am Türpfosten des Hinterausgangs befestigt hatten. Die Tür dort stand auf, und dahinter auf der Wiese pickten die Hühner nach Würmern. Die Versuchung war groß, die Zielscheibe zu verfehlen und durch die Tür zu schießen, und in den Augen meines Onkels blitzte der Schalk, weil er genau wusste, was ich dachte.

Bei den Badischen Meisterschaften im Friesenkampf schaffte ich mit einigermaßen passablen Schießleistungen die Silbermedaille. Badischer Vizemeister war mein größter sportlicher Erfolg. Der Ehrlichkeit halber muss ich anmerken, dass es in meiner Altersklasse nur vier

Teilnehmer gab. Nirgends war ich so richtig gut, dafür aber vielseitig.

Meine Weihnachtsferien durfte ich mit einer Schülergruppe im Allgäu beim Skilaufen verbringen. Dort mussten wir im seitlichen Treppenschritt den frischen Schnee niedertreten und die Piste präparieren, die wir dann in zwanzig Sekunden herunter gerutscht waren, bevor wir wieder nach oben stapften. An einen Lift war damals nicht zu denken, aber immerhin gewann ich auf den Brettern einige Sicherheit, konnte einen Pflugbogen fahren und bestand die Mutprobe, über eine Minischanze zu springen.

Als ich die zwölfte Klasse erreicht hatte, fuhr ich mit einer Gruppe von Studentenreisen in die Ötztaler Alpen. Wir wohnten in einer Hütte auf knapp zweitausend Meter, zu der wir nach der langen nächtlichen Busfahrt mit Fellen unter den Skiern aufgestiegen waren.

Von dort oben machten wir einsame Touren, einen Vormittag lang ging es mit Fellen hinauf und zur Belohnung genossen wir traumhafte Abfahrten im unverspurten pulvrigen Schnee.

Heute gibt es dort einen Skizirkus, der den Zauber der gebirgigen Einsamkeit und die Großartigkeit unberührter Schneegipfel mit Trubel und Eventcharakter vertrieben hat.

2 Der Weg zu Tanz und Körperausdruck

Ortswechsel

Warum landete ich ausgerechnet in Gießen, dieser unattraktiven, mit Nachkriegsbausünden verunstalteten Stadt, in der es in den Siebzigerjahren gerade mal drei Studentendiscos und ganz wenige Kneipen gab, und deren Wahrzeichen das Elefantenklo war, eine klotzige Betonüberführung für Fußgänger mit drei großen Löchern?

Kurz vor dem Abitur war ich ein weiteres Mal mit den Studentenreisen im Skiurlaub, im Doppelzimmer mit meiner Ex-Freundin. Wir hatten den Urlaub gemeinsam gebucht, und kurz vor der Abreise war die Beziehung am Ende. Wir dachten, der Urlaub könnte uns retten, aber die Gefühle waren weggetaut genauso wie in jenem Jahr der Schnee in Ischgl, der nur große braune Grasflächen zurück gelassen hatte.

Unser Beziehungsstatus spielte bald keine Rolle mehr, denn wir waren mit einer lustigen gemischten Gruppe von Studenten und bereits fertigen Physikern und Lehrern zusammengewürfelt, sodass wir unsere wechselseitigen Kränkungen überspielen konnten.

Einer der Physiker hatte sein Auto mit einer für damalige Verhältnisse einmalig potenten, selbst konstruierten Stereoanlage ausgestattet, bei der die Bässe aus dem Kofferraum wummerten. Es war in diesen Osterferien so warm, dass wir nachts mit viel Rotwein und dem offenen Kofferraumdeckel des Stereo-Autos auf einer Wiese tanzten und feierten, bis uns die Polizei vertrieb.

Die interessantesten Leute aus dieser Gruppe kamen aus Gießen, darunter ein langer schlaksigen Kerl, der gerade Zivildienst in der Gießener Augenklinik machte. Als ich einige Monate später meine Studienplatzbewerbung ausfüllte, kam mir deshalb überhaupt erst die Idee, Gießen als Studienort anzugeben; ich setzte es ziemlich weit hinten auf meine Liste. Meine Abiturnoten und die Zentrale Stelle für die Vergabe von Studienplätzen, ZVS, gaben dann jedoch den Ausschlag, dass ich keinen Platz in Freiburg oder Heidelberg bekam, sondern in Gießen landete.

Die Lehrer aus dem Skiurlaub halfen mir, meine erste Studentenbude im Kellergeschoss eines ihrer Kollegen zu finden, einige Kilometer außerhalb der Stadt.

Zum Abitur hatten mir meine Eltern einen gebrauchten roten Alfa Romeo Spider geschenkt, den mein Vater mit mir zusammen bei seinem Cousin, einem Alfa-Händler, ausgesucht hatte. Ich durfte wohl den Traum ausleben, den er sich wegen seiner Blindheit nicht leisten konnte.

Aber auch mit einem scharfen Auto war es lästig, immer in die Stadt hinein zur Uni zu fahren. Inzwischen hatte ich mich mit dem langen schlaksigen Klaus aus der Augenklinik angefreundet. Im nächsten Semester gründeten wir eine Wohngemeinschaft und bezogen eine schlichte Wohnung in einem alten Gründerzeithaus in der Gießener Fußgängerzone.

Von dort war es ein kurzer Weg durch ein Abrissgebiet, das frühere Rotlichtviertel Gießens namens *Teufels Lustgärtchen*, hinüber zum Haarlem, unserer Stammdiscothek. Dort lebte ich nach den Stunden im Chemielabor an der Uni meinen Bewegungsdrang auf der Tanzfläche aus.

Damit unsere Freunde uns besser unterscheiden konnten, hießen wir K-laus und C-laus.

Mit diesen Spitznamen war es naheliegend, dass wir beiden Kläuse den Nikolaustag am sechsten Dezember als gemeinsamen Namenstag betrachteten und in jedem Jahr unsere legendären Nikolaus-Partys feierten. Verkleidung war für die Gäste obligatorisch, es gab immer ein besonderes Motto, und wem dazu nichts einfiel, der kam als Nikolaus oder als Engel verkleidet. Immer wurde wild getanzt. Einmal feierten wir einen *Germanen-Nikolaus* und es war unglaublich, wie viele Schafs- und sogar Wildschweinfelle unsere Freunde aufgetrieben hatten, um sich zünftig zu verkleiden. Sogar Äxte brachten sie mit.

Als ich nach Gießen kam, war K-laus gerade mit einer blonden Orthoptistin aus der Augenklinik befreundet, hatte aber schon ein Auge auf eine Studentin mit einer runden Hippiebrille geworfen. Er wohnte noch im Haus seiner Eltern, feierte dort eine große Geburtstagsparty und hatte beide dazu eingeladen. Im Laufe des Abends wechselte er von seiner alten Freundin zur neuen, und die blonde Orthoptistin zögerte nicht und wechselte von K-laus zu C-laus. Nun hatte ich als Student in Gießen meine erste Freundin.

Während der Semesterferien schuftete ich in einer Lebensmittelfabrik in der Stadt meiner Eltern und sorgte dafür, dass die Margarinebecher und Deckel ordentlich in die Abfüllmaschine hineingelangten.
Mit dem frisch verdienten Geld fuhr ich per Interrail durch halb Europa und schlief in den Nachtzügen, um Geld zu sparen.
Als ich in unsere WG zurück kam musste ich feststellen, dass ich wieder Single war. K-laus hatte das Interesse an der Hippiefrau mit der runden Brille verloren und meine Freundin hatte sich einsam gefühlt und war wieder von C nach K zurück gewechselt. Ich tröstete mich mit einer Flasche Eckes Edelkirsch, bei deren Anblick mir bis heute schlecht wird.

Trotz dieser Beziehungswirren kamen wir beiden Kläuse bestens miteinander zurecht. Uns verbanden gemeinsame Interessen: Fotografie, Musik und vor allem lange Reisen in den Semesterferien.

Mit seinem VW-Bus brachen wir 1974 nach Marokko auf, über Bordeaux und San Sebastian, Toledo und Cordoba nach Cadiz, wo wir mit der Fähre nach Ceuta übersetzten, und zum ersten Mal im Leben einen anderen Kontinent betraten – Afrika.

Wir waren zwei Monate unterwegs und bereisten die marokkanische Mittelmeerküste mit ihren Haschisch-Verkäufern, besuchten die alten Königsstädte Fes und Meknes, bestiegen den über viertausend Meter hohen Djebel Toubkal, den höchsten Berg Nordafrikas im Hohen Atlasgebirge.

Wir sahen die Schlangenbeschwörer auf dem Marktplatz von Marrakesch und fuhren schließlich ganz im Süden Marokkos am Rand der Sahara entlang auf der Straße der Kasbahs nach Osten.

Die schnurgerade Straße führte immer wieder über Anhebungen, hinter denen der Blick so unendlich in die Weite ging, wie ich es nie zuvor erlebt hatte. Bei Abstechern von der Straße gerieten wir auf abenteuerliche Pisten unter den Rädern des gequälten Bullis und bekamen Geschmack auf die Wüste.

Am südöstlichsten Punkt der Reise machte uns ein Ausflug zu den hohen Sanddünen von Erfoud definitiv klar: Wir werden eines Tages durch die Sahara fahren.

Es folgten kleinere Reisen zu bayrischen Gebirgsflüssen oder ins damalige Jugoslawien, mit Paddelbooten auf dem Dach des VW-Busses, mit denen wir die wilden Bäche der Balkanschluchten befuhren.

Im Hinterkopf hatten wir immer den großen Trip durch die Sahara, die Planungen wurden konkret und im Winter 1976/77 ließen wir ein Semester sausen und begaben uns ins große Abenteuer.

Wir hatten Kontakt bekommen zu einem anderen Afrika-Begeisterten, mit dem wir gemeinsam unterwegs sein wollten. Der hatte in seinen VW-Bus hinter dem Fahrersitz einen zweiten Motor eingebaut, mit dem er

bei Bedarf die Vorderräder über außen angeflanschte Kettenantriebe bedienen konnte. Er besaß also einen Allrad-VW-Bus lange bevor die Wolfsburger Ingenieure ebenfalls die Idee dazu bekamen.
Freunden hatten wir einen grün-weißen Zwölfsitzer Mercedes Omnibus abgekauft, der bereits zum primitiven Wohnmobil ausgebaut war. Er hatte gläserne Dachrundungen für einen besseren Ausblick nach oben und Zwillingsreifen auf der Hinterachse.
Nachdem wir uns entschieden hatten, dass uns ein befreundeter Jungmediziner begleiten würde, konnten wir uns darin zu dritt bequem auf die Reise machen.
Sie führte uns im Konvoi mit dem Allrad-Bulli von Tunesien durch die algerische Sahara mit ihren unglaublichen steinernen Landschaften bis nach Nord-Niger, wo wir die riesigen Abraumhalden vom Uranabbau der Franzosen sahen und einen Abstecher ins Air-Gebirge machten.
Dort feierten wir den Beginn des neuen Jahres in Iférouane, einem Dorf, wo die Männer im Winter monatelang mit Salzkarawanen unterwegs waren und die Frauen und Kinder mit dem wenigen Oasenwasser kleine Gärten mit Zwiebeln und Tomaten kultivierten.
Wir schauten dem Silberschmied zu, wie er den Rohling eines Agadez-Kreuzes nach der Methode der verlorenen Form goss und ihm anschließend den Feinschliff gab.
Auf Pisten mit tiefen Schlaglöchern durchquerten wir die Sahel-Zone und erreichten Kano, die Hauptstadt von Nordnigeria, bogen dort nach Osten ab und gelangten nach Nord-Kamerun und an den Tschadsee.
In Ndjamena, der Hauptstadt des Tschad, endete unsere Reise im Februar mit einem Rückflug über Moskau, mit einem krassen Wechsel von plus fünfunddreißig Grad im Tschad zu minus zwanzig Grad in Russland. Wir trugen all unsere Kleider übereinander, und die Kaninchenfellmütze, die ich im Kaufhaus Gum in Moskau erwarb, besitze ich immer noch. Heute ist es prak-

tisch unmöglich, diese Route zurückzulegen. Sie ist viel zu gefährlich.

Diese Reiselust oder fast Reisesucht ließ mich einige Jahre später meine sichere Planstelle als Lehrer aufgeben, um noch mehr von der Welt zu sehen.
Mein ursprünglich ungeliebter Studienort hatte also durch diese Begegnungen eine wesentliche Weiche für meine weitere Zukunft gestellt.

Gießen gilt inzwischen übrigens als eine der am meisten unterschätzten Städte Deutschlands, und ich lebe noch immer gerne dort, je länger je lieber.

Sport oder Leibesübungen

Die sportlichen Erfahrungen meiner frühen Jugendjahre waren für mich Qualifikation genug, um mich ans Sportstudium zu wagen. Eigentlich wartete ich auf einen Studienplatz in Medizin und überbrückte die Zeit, indem ich halbherzige Semester in Chemie absolvierte. Diese Ziellosigkeit verführte mich zu motivationslosem Lernen und ödete mich an.
Als mir ein Kommilitone, der ebenfalls im zweiten Semester in der Warteschleife war, vom entspannten Leben und den langen Ferien eines Lehrers vorschwärmte, zögerte ich nicht lange, gab den Traum von der Medizin auf und wechselte ins Lehramt. Mich lockte die Aussicht auf lockere Semester auf dem Sportplatz oder in der Ballspielhalle und auf unbeschwerte Semesterferien. Ein weiterer Grund für das Sportstudium war, dass es im *Institut für Leibesübungen*, so wurde es damals noch genannt, gemeinsame Umkleideräume und Duschen für Männer und Frauen gab – das waren die Siebziger Jahre!

An meinen zukünftigen Erziehungsauftrag mit den Mitteln von Bewegung und Sport verschwendete ich keine überflüssigen Gedanken.
Soziales Lernen, Koedukation oder auch die Idee, dass über Körperlichkeit die Persönlichkeitsentwicklung gefördert werden könnte, waren mir noch unendlich fern. Im Sportpädagogik-Seminar saß ich lustlos meine Pflichtstunden ab und erlebte am Ende des Semesters die Peinlichkeit, dass ich *Pädagogig* falsch mit einem „g" am Ende auf den Schein geschrieben hatte, den der Prof unterschreiben musste.

Einige der Dozenten waren engstirnige Sportfunktionäre, die ihre Sportart im jährlichen Rhythmus ohne didaktische Raffinessen abspulten und Studentinnen anmachten. Es gab aber auch andere, die ihre Neugierde behalten hatten, die auf der Suche nach neuen Konzepten in Theorie und Praxis waren und mich mitreißen und motivieren konnten.

Die gemischten Umkleideräume trugen im Übrigen vor allem dazu bei, das Schamgefühl zu verstärken; auf die sexuelle Freizügigkeit hatten sie keinen wesentlichen Einfluss.

Tanz wird zum Schwerpunkt

Im zweiten Sportsemester meldete ich mich für den Grundkurs im Skilaufen an. Wir fuhren nach Verbier in die Schweiz und bewohnten mehrere Chalets direkt an der Piste. Abends gingen wir zur Aprés-Ski Disco ins Dorf, und die Tanz-Dozentin unseres Instituts war mit von der Partie. Beim Tanzen hatte ich immer schon mehr Körperteile bewegt, als nur von einem Fuß auf den anderen zu treten, und das war ihr nicht entgangen. Gleich am nächsten Tag sprach sie mich an und sagte: du musst unbedingt ins Schwerpunktfach Tanz kommen.

Ihre Aufforderung war Balsam für mein Aufmerksamkeitsbedürfnis, und häufig sind es ja solche Begegnungen, die für den weiteren beruflichen und persönlichen Werdegang die Weichen stellen. Ihr verdanke ich eine intensive Förderung.

Zurück aus Verbier zögerte ich nicht und belegte im nächsten Semester den Grundkurs Tanz. Ich war dort der einzige Mann unter tanzbegeisterten Frauen, was mich einerseits zum Exoten machte, mir andererseits aber viel Aufmerksamkeit und Anerkennung einbrachte. So war es keine Frage, dass ich in dieser Richtung weiter machte.

Zum Aufbaukurs hatte sich noch ein zweiter Mann eingeschrieben, Hugo, mit dem ich mich gut verstand. Gemeinsam mit unserer Dozentin fuhren wir auf Lehrgänge an die Sporthochschule Köln oder nach Frankfurt in den Jazzkeller, wo sie Musiker kannte, die für ihre Kindertanzprojekte Stücke komponierten und einspielten. Musikverständnis spielte in ihrer Auffassung der Tanzausbildung eine wichtige Rolle, und ich hörte zum ersten Mal etwas über Taktwechsel und lernte, krumme Sieben-Achtel-Takte zu identifizieren.

Im Schwerpunktfach unterrichtete zusätzlich eine externe Tanzlehrerin mit Lehrauftrag und gab Einführungen ins klassische Ballett und in den Modern Dance. Mieke wurde meine zweite prägende Lehrerin. Noch jahrelang ging ich in ihr Studio in der Mühle und übte mich in tänzerischer Disziplin, perfektionierte die erste, zweite, vierte, fünfte klassische Position der Füße, einen weichen Arm und hohen Ellenbogen beim Port de Bras und Sicherheit bei Drehungen und Sprüngen. Ich übte mich im Merken von Bewegungsabläufen und war auf der Suche nach tänzerischer Ästhetik. Vor allem aber liebte ich es, wenn sie uns am Ende der Stunden Freiraum für experimentelles Tanzen gab.

An der Uni arbeiteten wir an Konzepten für tänzerische Bewegungsspiele und Rhythmuserziehung in der Grundschule. Wir lernten, Choreographien zu entwickeln und zu notieren. Darüber hinaus nutzten wir unsere Freizeit, um mit der Dozentin eine Choreographie zu Mussorgskis Programmmusik *Bilder einer Ausstellung* zu erarbeiten. Mit ihren guten Verbindungen sorgte sie dafür, dass wir zu Auftritten in die Festhalle nach Frankfurt oder zur Gymnaestrada in Kiel eingeladen wurden.

Zu dieser intensiven praktischen Beschäftigung mit dem Tanz kamen die Theorie und die Geschichte des Tanzes, wo mich vor allem die Gymnastikbewegung der zwanziger Jahre des zwanzigsten Jahrhunderts und die Ideen von Mary Wigman und anderen Pionieren des Tanzes interessierten. Meine Beliebigkeit vom Beginn des Studiums wich allmählich dem Gefühl, mich auf einem Weg zu befinden, der noch viele Möglichkeiten eröffnen würde.

Die meisten Sportstudenten waren leistungsorientiert und eher konservativ, und die Dozenten hatten passend dazu durchgesetzt, dass das *Institut für Leibes-*

übungen umbenannt wurde und nun *Sportinstitut* hieß. Vorzeigeprof war der Sportmediziner Nowacki, der damals das Höhentraining entwickelte und den Deutschland-Achter auf dem Silvretta-Stausee rudern ließ.
Andererseits gab es eine kleine Gruppe von engagierten Leuten, die sich für alternative Bewegungskonzepte interessierten. Der Leistungssport, der am Institut zum Mainstream geworden war, interessierte uns recht wenig. Wir diskutierten stattdessen Themen wie den gemeinsamen Sportunterricht von Jungen und Mädchen oder darüber, wie Sensibilität und Sinnlichkeit über Bewegung und Berührung geweckt werden könnte.
Bioenergetik und Yoga waren Themen für uns, und wir waren an Massage interessiert. Ich organisierte für unsere Gruppe ein Wochenende, an dem wir gemeinsam zu meinen Eltern fuhren. Mein Vater gab uns in seiner Praxis einen Massagekurs, und meine Mutter verwöhnte uns mit ihren Kochkünsten. Es gab erste Versuche mit Meditation, und einer entdeckte für sich die Gestalttherapie und begann eine Ausbildung.

Von dort brachte er uns einen kopierten Zettel mit, auf dem die Anleitung zu einer Bewegungsfolge zu sehen war. Sie zeigte in Form einer bildlichen Darstellung, wie yogaähnliche Körperpositionen liegend an der Erde eingenommen und miteinander verbunden werden sollten. Wir unterrichteten uns gegenseitig, indem wir die Bewegungsfiguren nur mit Worten beschrieben, ohne uns die dazugehörigen Bilder zu zeigen. Wir versuchten also das sonst übliche Lernschema von Vormachen und Imitation zu umgehen und auch hier neue Wege zu finden.

Dass diese Kopie aus Anna Halprins Buch *Movement Ritual* stammte, dass ich das *Bewegungsritual* in den achtziger Jahren gründlich von ihrem Meisterschüler

Soto Hoffman lernen würde, dass Soto der Patenonkel meines Sohnes werden und ich schließlich direkt bei Anna Halprin lernen würde, lag noch in weiter Zukunft. Ebenso wenig wusste ich zu diesem Zeitpunkt, dass die Feldenkrais-Methode genau dieses Konzept der verbalen Anleitung ohne die Imitation eines vorgeführten Bewegungsablaufes verfolgte.

Wir hatten uns auf einen Weg begeben, auf dem es immer wichtiger wurde, in eine Bewegung hinein zu spüren und auf die dabei aktivierte innere Empfindung zu achten. Erst in zweiter Linie ging es um das Erlernen von Bewegungsformen oder gar Techniken.

Pantomime

Ein Lehrgang an der Sporthochschule Köln zum Thema *Musik, Spiel, Tanz* weckte bei mir die Lust am Darstellenden Spiel, das im Grenzbereich zwischen Tanz und Pantomime lag.
Gemeinsam mit drei Männern gründeten wir die *Pampelmimen* und erarbeiteten ein Bühnenprogramm mit kurzen teilweise witzigen, teils intellektuellen Stücken.
Um in dem, was wir taten, besser zu werden fuhren wir ein Jahr lang jede Woche gemeinsam nach Köln zu Milan Sladek, der zu dieser Zeit das einzige feste Pantomimentheater Deutschlands leitete.
Auch bei ihm fanden wir die Arbeitsweise vor, zunächst in eine Bewegung hinein zu spüren, und daraus später die Inhalte zu entwickeln. Erst dann ergab sich die Notwendigkeit, eine dazu passende Darstellungs*technik* zu erlernen. Wofür sollte es auch gut sein, eine imaginäre Wand darzustellen oder nicht vorhandene Gewichte zu schleppen, wenn es keinen Inhalt gab, durch den diese Techniken einen tieferen Sinn erhielten. Es brauchte zuerst den Inhalt, und dann die passenden Formen für eine Umsetzung.
Allerdings wurde mir Milans Art der Pantomime nach einiger Zeit zu traditionell und ich fand seine Schule zu stark den althergebrachten Bewegungstechniken verpflichtet.

Gegen Ende dieses Jahres sah ich eine Aufführung von „Pinok et Matho", und mir war sofort klar, dass mich diese beiden kongenialen Frauen voranbringen könnten. Sie hatten ihre Stücke schon weit über Europa hinaus aufgeführt, zeigten mir Zeitungsausschnitte aus Indien, in denen ihre Auftritte besprochen wurden. Dabei waren sie sich nicht zu schade, auch vor kleinem Publikum zu spielen.

Matho war groß, blond und großgesichtig, Pinok klein und dunkelhaarig. Sie waren in meinen Augen damals schon alt, dabei aber von einer Vitalität und Beweglichkeit, die sie auch abseits der Bühne versprühten.
In Ferienjobs verdiente ich mir Geld, um mir die Teilnahme an ihren Workshops in Paris leisten zu können. Es fühlte sich gut an, morgens mit der Metro *zur Arbeit* zu fahren und sich abends in den Gassen unterhalb von Sacre Coeur zwischen Transvestiten und Prostituierten als Bohemien zu fühlen, anstatt nur Tourist in Paris zu sein.

Ihr Unterricht enthielt immer einen großen Anteil an Körpertraining, vor allem zur Schulung von Beweglichkeit und Balance, aber auch von Bühnenpräsenz.
Wir übten stundenlang, uns mit unserer Vorstellungskraft über die eigenen Körpergrenzen auszudehnen. Oder es ging um die Reichweite und Deutlichkeit von Gesten: Als intimster Ausdruck galt das *jeu cinéma*, bei dem die Geste so klein war, als bräuchte es eine Filmkamera aus kurzer Distanz, sie erkennbar zu machen. Die nächste Stufe war die Verstärkung der Geste durch mehr Muskelkraft, und schließlich als dritte Stufe eine Verlängerung der Raumwege, ein größeres Ausgreifen der Geste, bis hin zur Übertreibung, wie sie in der Commedia dell'Arte zu sehen ist.
Bei der Beschäftigung mit Inhalten bestand eine Übung darin, zunächst ein Thema oder eine kleine Szene festzulegen. Dann stellten wir uns drei Musikstile von unterschiedlicher Dynamik vor und erspürten, wie sich daraus die dazugehörigen Bewegungsqualitäten ergaben. Jede dieser Qualitäten übertrugen wir in die Darstellung der Szene, woraus dann drei in ihrer Wirkung völlig unterschiedliche Stücke entstanden.
Schließlich gab es noch besondere Aufgabenstellungen, bei denen ein eng vorgegebener inhaltlicher Rahmen unsere Kreativität herausforderte: ich erinnere mich an

die sieben Todsünden, von denen wir jede einzelne in kleinen Gruppen zu ganzen Stücken weiter spinnen sollten.
Mit Pinok und Matho freundete ich mich an. Sie besuchten uns mehrmals mit ihren großen Hunden in Gießen und spielten ihr Programm im Ulenspiegel, einem Gewölbekeller mit Kleinkunstbühne.

Es waren die letzten Semester meines Studiums, und ich begann, Pantomimenkurse im Allgemeinen Hochschulsport anzubieten, die ich durch Tanz und Körperwahrnehmungsübungen ergänzte. Das machte Spaß und ermutigte mich, weiter in diese Richtung zu gehen. Ich bewarb mich an den Volkshochschulen benachbarter Städte und gab Kurse in Jugendzentren.

Mein Alfa war mittlerweile durchgerostet, und ein bescheidener R5 als sein Nachfolger war das angemessene Fahrzeug, um in Mittelhessen die verschiedenen Unterrichtsorte aufzusuchen.
Aus dem R5 konnte ich allerdings auch ein Wohnmobil machen, denn Reisen war weiterhin angesagt. Aus dem kleinen Auto zog ich nach hinten unter die geöffnete Heckklappe eine Holzplatte als Bettrahmen heraus. Ein Bundeswehrponcho machte dieses Bett regen- und blickdicht, und mit meiner aktuellen Freundin fuhr ich bis an die Algarve nach Portugal.

Auf einem Tanzworkshop in München lernte ich eine tanzbegeisterte Frau kennen, wir hatten intensive Tage und Nächte und verabredeten uns für den Folgeworkshop. Für eine feste Beziehung lebten wir zu weit voneinander entfernt, aber es reichte aus, um mich von meiner Freundin zu entfernen. Als mich einige Wochen später aus dem Kellerfenster der WG meines Pantomimenpartners der vielsagende Blick seiner hübschen WG-Genossin traf, war es nicht mehr weit bis zum Absprung aus der alten Beziehung und hinein in ein neues Abenteuer, das sehr lange dauern sollte: die kleine damals rothaarige Hexe vom Kellerfenster wurde später meine Frau.

Dann rückte das Ende meines Studiums näher, und es war folgerichtig, meine Examensarbeit zum Thema *Körperbewusstheit als Gegenstand der Sporterziehung* zu schreiben. Der Sportprof, der mich betreute, meinte lächelnd, er verstünde von diesem Thema zwar nichts, „aber machen Sie mal, das wird schon". Ganz nebenbei fand ich noch genügend Zeit, um in meinem Zweitfach Chemie ausreichend Wissen für ein passables Staatsexamen anzuhäufen.

Das anschließende Referendariat in der Schule war stressig und konfrontierte mich mit nicht immer nachvollziehbaren Ausbildungsformalien und mit unmotivierten Schülern. Einen Ausgleich fand ich darin, dass ich Tanz unterrichten und mich in meiner Examensarbeit erneut theoretisch mit der Thematik des Lernens durch Bewegung auseinandersetzen konnte.

3 Movement Awareness

Ein ganzes Jahr unterwegs – statt einer Planstelle

Schon lange stand für mich fest, dass ich vor dem Start in mein Berufsleben noch einmal eine große Reise unternehmen wollte. Die Sahara wartete auf mich. Und der Rest der Welt. Ein ganzes Jahr wollte ich unterwegs sein.
Pro forma bewarb ich mich auf eine Lehrerstelle und bekam prompt die Zusage. Sie boten mir eine Planstelle als Studienrat zur Anstellung an. Was sollte ich tun, der Kleinbus für die Wüstendurchquerung war gekauft, auf dem Schrottplatz hatte ich passende Ersatzteile ausgebaut, und die Abreise war für den Spätsommer geplant. Wie sollte ich mich also entscheiden, die Stelle ganz ablehnen oder mich vorübergehend als Angestellter in den Schuldienst begeben?
Im Schulamt rieten sie mir, zuzusagen. Das tat ich, unterrichtete mit Spaß und Engagement am Gymnasium in Friedberg ein Schulhalbjahr lang. Dort konnte ich im Sportunterricht meiner Tanzleidenschaft frönen und einen Wahlfachkurs in modernem Tanz unterrichten. Nebenbei vergiftete ich fast das Lehrerkollegium mit einem Brom-Versuch. Der Dunstabzug im Chemieraum war nicht richtig geplant worden, sodass bei ungünstigen Windverhältnissen alle stechenden und übelriechenden Gase aus dem Abzug ins Lehrerzimmer gelangten. Die alten Hasen wussten das, aber mir als unerfahrenem Junglehrer hatte das niemand gesagt. So konnte ich mit meinen Schülern hinter der Glasscheibe des Abzugs gefahrlos das Experiment beobachten, während der Bromnebel direkt ins Lehrerzimmer gelenkt wurde.

Dann war das Schuljahr zu Ende, und die Reise sollte losgehen. Eine Beurlaubung? Undenkbar, Sie müssen

kündigen. Ich kündigte. Im gesamten Schulamtsbezirk war ich danach bekannt als der Verrückte, der die letzte Möglichkeit auf eine Verbeamtung ausgeschlagen hatte – für einen Saharatrip!
Vielleicht war ich mit meiner Überzeugung, von Pantomimenkursen leben zu können, wirklich naiv. Eine Rückkehr in den Schuldienst nach der Reise war aussichtslos, denn durch den Pillenknick wurden die Schülerzahlen immer geringer und es war abzusehen, dass es in den folgenden zehn Jahre keine freien Lehrerstellen mehr geben würde.
Meiner Freundin erging es wie mir. Sie war bereits verbeamtet – lebenslänglich. Als sie um eine Beurlaubung bat, wurde ihr gesagt, dass Faulenzer als Lehrer nicht gebraucht würden. Sie kündigte wie ich.
Einige Monate nach unserer Abreise wurde es für jeden Lehrer ohne große Umstände möglich, ein Sabbatjahr einzulegen.

Die Erfahrungen dieser Reise möchte ich nicht missen. Wir durchquerten die Sahara, und ich war aufs Neue fasziniert von den beindruckenden Wüstenlandschaften, die ich wahrnahm wie das Skelett der Erde, das in unseren Breiten von einer grünen Vegetations*haut* überzogen ist. Die Steinformationen und Sandfelder animierten uns zu fotografischen Stillleben – der Mensch in seiner Nacktheit inmitten dieser überwältigenden Natur.
In Westafrika verkauften wir das Auto, bereisten den Norden von Kamerun und flogen, vom Jetlag gebeutelt, nach Bangkok. Wir erlebten Buddhismus und Strände in Thailand, eine Mischung aller Weltreligionen dicht benachbart auf der Insel Penang, wir wanderten im Dschungel von Malaysia, durchquerten Sumatra mit abenteuerlichen Busfahrten, flogen mit einer alten Turboprop, mit der wir notlanden mussten, weil das Fahrwerk nicht eingefahren werden konnte, nach Jakarta,

sahen Vulkane, den Borobodur und andere Tempel auf Java, gehörten zu den ersten Touristen, die mit dem Auslegerboot auf Gili Travangan anlegten und in der Mitte dieser winzigen Insel bei einem indonesischen Ehepaar in deren Stelzenhaus wohnten, zwar ohne gemeinsame Sprache, aber mit großer gegenseitiger Wertschätzung. Gili Trawangan ist heute eine Partyinsel, deren Strand mit Buden und lauter Musik zugemüllt ist. In Singapur genossen wir das Essen aus den Garküchen und wussten nicht, was wir von der peniblen Sauberkeit, den Glasfassaden und polierten Steinböden der Hochhäuser halten sollten. Und wir bereisten Sri Lanka vor dem schlimmen Bürgerkrieg zwischen Singhalesen und Tamilen und hatten herzliche und wertvolle Begegnungen sowohl mit den einen wie den anderen.

Nach einem Jahr kamen wir zurück und nahmen Deutschland mit der Distanz der Reisenden wahr. Wir besuchten die Kirchen und Museen der Stadt meiner Eltern, als wären wir in einem weiteren Land auf unserer Reise und waren fassungslos über die Distanziertheit der Menschen auf den Straßen. In jedem Land unserer Reise waren die Leute offen, nahmen schnell Kontakt auf und hier schienen sie schon Angst zu haben, wenn ich ihnen nur ins Gesicht schaute.

Langsam akklimatisierten wir uns, bezogen eine gemeinsame Wohnung und begannen mit dem Aufbau unserer zukünftigen Existenzen.
Es gelang mir recht schnell, meine Kurse wieder zum Laufen zu bringen. Ich entwarf einen Flyer mit Schreibmaschine und aufgeklebten Fotos, ließ mir im Copy-Shop fünfzehn Exemplare ausdrucken, stellte mich mittags an die Mensa und verteilte meine Zettel an nett aussehende Studentinnen, die einen offenen Blick hatten. Das genügte damals, um einen Kurs zu starten.

Soto – mein kalifornischer Lehrer

Soto trug einen schwarzen Anzug mit weißem Hemd und einer schmalen schwarzen Krawatte. Wir hatten uns am Parkplatz oberhalb vom Baker Beach verabredet, von wo man einen guten Blick auf die Golden Gate Brücke von Süden her hat. Er fuhr mit einer Stretch-Limousine mit abgedunkelten Fensterscheiben vor, ein Nebenjob, bei dem er gelegentlich einsprang, wenn der Limou-Service nicht genügend Fahrer zur Verfügung hatte.
Meistens musste er *Rich Little Old Ladies* zu ihren Physiotherapeuten oder zur Pediküre chauffieren, er hatte aber auch schon die Grateful Dead zu ihren Konzerten gefahren.
Ihn in diesem Outfit zu sehen war sehr befremdlich, wenn man diesen exzellenten Tänzer und Performer in seinen Bewegungsklamotten gewohnt war oder ihn in Deutschland vom Bahnhof als weltgewandten Reisenden in Jeans abholte.
Auch in San Francisco arbeitete er als Lehrer für Bewegung, Tanz und Körperarbeit, aber um seine Miete bezahlen zu können, brauchte er zusätzlich solche Jobs. Wirklich erkannt wurden seine Qualitäten vor allem anderswo, in Europa, Australien und Asien. Wie für viele hervorragende Künstler traf auch für ihn zu, dass der Prophet weniger gilt im eigenen Land.
An diesem Tag verabschiedeten wir uns von ihm nach gemeinsamen Weihnachtstagen in San Francisco, um südwärts den Highway One Richtung Monterey und Big Sur zu fahren, wo wir das Neue Jahr in den heißen Quellen des Esalen-Instituts über dem Pazifik erwarteten.

Zu diesem Zeitpunkt kannten wir Soto schon seit zwanzig Jahren. Unsere erste Begegnung fand 1983 in einem Tagungshaus im Westerwald statt. Ein Bekannter

hatte mir eine Telefonnummer gegeben mit der Bemerkung: ruf da an, da macht jemand eine Körperarbeit, die könnte dich interessieren.
In einem großen, hellen Übungsraum mit einem glänzenden Holzparkett, dem ehemaligen Versammlungsraum der Bergleute, fand ein Workshop statt, bei dem meine Freundin und ich zwei unter fast dreißig Teilnehmern waren. Es gab feine vegetarische Verpflegung, und geschlafen wurde im Schlafsack auf einer Empore über der Tanzfläche oder unten auf dem Parkett auf Matratzen, die hinter Paravents verborgen waren.

Das Workshop-Programm setzte sich aus sehr unterschiedlichen Inhalten zusammen, die sich gerade wegen ihrer Unterschiedlichkeit miteinander verbanden. Soto verkörperte, was er unterrichtete, er konnte voller Energie sein und seine Schüler mit Aufwärmgymnastik und Dehnungsübungen an ihre Grenzen bringen, und sie ebenso mit sanften Bewegungen und Bilderarbeit in Trance versetzen. Ideokinese, Movement Ritual, Hands-On-Körperarbeit und Capoeira, das alles waren für mich neue Bewegungsformen, die mich faszinierten. Mir war, als hätte das alles nur darauf gewartet, dass ich es entdeckte.

Jeder dieser Inhalte war für sich genommen ein abgeschlossenes System, das auf ganz unterschiedliche Weise die körperlich-emotionale Selbsterfahrung stimulierte.
Das Movement Ritual war mir während des Studiums schon kryptisch auf dieser Fotokopie als Folge von Bewegungen am Boden begegnet. Hier entstand nun ein Bewegungsfluss, der die verschiedenen Positionen miteinander verband und den Körper durch eine Abfolge von Beugung, Streckung, Seitneigung und Drehung führte. Jedes einzelne Element konnte variiert, wiederholt oder in Ruhe ausgekostet werden und, unterstützt

durch eine ruhige Musik, entstand daraus ein Tanz am Boden.

Massage kannte ich von den Händen meines Vaters, aber *hands-on* stellte eine dreidimensionale Erweiterung dar, indem die Berührung durch Bewegung ergänzt wurde. So konnten beispielsweise Elemente des Bewegungsrituals durch eine Person ausgeführt werden, während ein Partner diese Bewegung mit seinen Händen begleitete, sie unterstützte, verstärkte oder auch verlangsamte. Dehnungsübungen konnten durch Partnerarbeit auf sanfte Art verstärkt werden, oder Hände konnten einfach wohltuend auf dem Körper aufgelegt werden.

Ideokinese wurde gänzlich ohne äußere Bewegung unterrichtet und wirkte sich spürbar auf die Körperhaltung und gleichzeitig auf die innere Haltung aus, was sich zeigte, wenn man nach den Übungen wieder auf den Füßen stand und mit anderen in Kontakt kam.

Was mich aber sofort infizierte war Capoeira. Zwar hatte ich auf meiner ersten Afrika-Reise in Nord-Nigeria ein Kampfturnier erlebt, bei dem die Kämpfer in einer staubigen Arena zu Trommelklängen versuchten, ihren Gegner aus dem Gleichgewicht zu bringen. Aber die Eleganz der kreisenden und fließenden Bewegungen der brasilianischen Capoeira war ungleich tänzerischer und durch die akrobatischen Elemente genussvoll anzuschauen.

Tagsüber ließ ich mich durch die Mühle der körperlichen Selbsterfahrung drehen, und abends ging der Workshop in seine Verlängerung und forderte unsere Kreativität heraus. Auf der Grundlage der Erfahrungen des Tages erarbeiteten wir kleine Performances und führten sie der Gruppe vor. Anschließend gaben und bekamen wir Feedback in einer Form wie ich sie ebenfalls bis dahin nicht kannte:

I see, I feel, I imagine –

ich beobachte, ich empfinde, ich habe Assoziationen.

Wir beschrieben möglichst präzise was wir gesehen hatten, mit großer Achtsamkeit darauf, nicht zu bewerten. Auf diese Weise enthielten die Rückmeldungen weder Lob noch Kränkung, sondern gaben Hinweise für eine Klärung und Überarbeitung der Darstellungen.

Kein Lehrer hatte mich bis dahin so sehr beeindruckt. Gleich fragte ich nach den nächsten Gelegenheiten, bei ihm zu lernen, und im selben Sommer verbrachte ich zwei Wochen in ZIST, dem deutschen Zentrum der humanistischen Psychologie. Soto unterrichtete dort Movement Ritual und Ideokinese, wir tanzten und arbeiteten an Ausdrucksformen.

Der Workshop war, passend zum Veranstaltungsort, sehr stark selbsterfahrungsorientiert. Zu meiner großen Enttäuschung jedoch hatten alle anderen Teilnehmerinnen des Kurses kein Interesse an Capoeira. Ich geriet in die Krise und zog mich zurück, beklagte mich, und es war eine Klage die sich anfühlte, als sei in ihr alles enthalten, was mir bis dahin in meinem Leben versagt worden war. Ich war sauer auf Soto und die blöden Kursteilnehmerinnen mit ihrer Zimperlichkeit und ihrem Unwillen, sich körperlich herausfordern zu lassen, und ihrem peinlichen Anhimmeln von Soto.

Aber Soto blieb in jeder Hinsicht gelassen und ich musste zusehen, wie ich mit mir selber klar kam. Es nützte nichts, andere für meine miese Laune verantwortlich zu machen. Nach und nach verschmerzte ich den Verlust des Capoeira-Unterrichts und lernte die übrigen Inhalte zu schätzen.

Im folgenden Jahr kam Soto nach Berlin und brachte Stöcke mit: er hatte Escrima, die philippinische Kampfkunst zu einem weiteren Inhalt seiner Arbeit gemacht. Wir benutzten zwei Kurzstöcke, einen in jeder Hand, mit denen verwirrende Schlagkombinationen auszuführen waren, die das Gehirn aufmischten und auf Trab brachten. Zu dieser Zeit war auch „Brain Gym" auf den Psychomarkt gekommen, eine Methode bei der es um die Synchronisation der Gehirnhälften ging. Bei Soto brauchten wir das nicht: der Stockkampf leistete in dieser Hinsicht ganze Arbeit, da die Schläge sowohl mit der rechten wie auch der linken Hand gleichberechtigt waren und die Mittelachse kreuzten, oft in der Abfolge versetzt, sodass die linke Hand nicht sofort wiederholte, was die rechte getan hatte. Dabei waren die Bewegungen energiegeladen und machten obendrein eine Menge Spaß.

Die komplexen Bewegungen brachten aber auch etliche Kursteilnehmer an *ihre* und damit unseren Lehrer an *seine* Grenzen. Damals konnte Soto schroff und ungeduldig werden und nicht selten ließ er einen Schüler, der auf dem Schlauch stand, einfach stehen. Andererseits legte er keinerlei Guru-Verhalten an den Tag und mit seiner Verbindlichkeit und dem Engagement, das er seinen Schülern entgegen brachte, glich er seine Ungeduld beim Stockunterricht vollständig aus.

Movement Awareness Training

Wir wollten tiefer in die Arbeit mit Soto einsteigen und hatten keine Lust, in jedem Workshop mit einer neu zusammengesetzten Gruppe von vorne anzufangen. So organisierten wir im folgenden Jahr ein Dreijahrestraining mit zwei Trainingseinheiten pro Jahr. In dieser Zeit sollte ich so umfassende und vielseitige Erfahrungen machen, dass ich bis heute davon profitiere.
Zur ersten Trainingseinheit trafen wir uns in einem Tagungshaus, das mitten in einem nordhessischen Dorf gelegen war. Ein junges Paar mit Kind und vielen Hühnern hatte es für einen holländischen selbsternannten Guru aufgebaut. Der hieß Alfred und nannte seine esoterisch-therapeutische Kreation Elfredologie, weil Alfred von Elfe käme. Alfred vertrieb die schlechten Geister aus dem Haus. Uns versuchte er ebenfalls hinaus zu ekeln, weil wir uns seiner Meinung nach der geistigen Elfenwelt gegenüber nicht korrekt verhielten. Genau genommen machten wir uns über seine verquere Moralisierung lustig und ließen uns von seinen Zurechtweisungen nicht sonderlich beeindrucken. Uns tat vor allem unser Gastgeber-Paar leid, das unter seinen Marotten zu leiden hatte.
Im Gegensatz zu Alfred war Sotos Arbeit nicht im geringsten esoterisch, sondern sehr konkret in der Verbindung von Bewegungserfahrung und dem Erforschen innerer Prozesse, die dann in eine kreative Form des tänzerischen und performerischen Ausdrucks gebracht wurden.

Von meinem Studium her war ich noch immer gewohnt, im Tanz die Ästhetik und die Schönheit der Bewegung zu suchen. An einem der Abende blieb ich mitten in einem Bewegungsablauf hängen, den ich *schön* machen wollte. Ich wurde kantig, drohte mein Gleichgewicht zu verlieren, und der Bewegungsfluss war jäh unterbrochen. Soto nahm das wahr und reagierte darauf, indem seine nächste Aufgabenstellung darin bestand, dass wir Brüche richtig ausspielen sollten, zusammenbrechen und erleben, welche neue Richtung sich daraus ergeben würde.

Das war für mich ein absoluter Paradigmenwechsel. Brüche zerstörten nun nicht mehr die schöne Bewegung, sondern ergaben Sinn, wurden zur Quelle für Kreativität und fügten zu meinem Tanz neue Ideen bei, indem sie meine Muster unterbrachen.

Die gleiche Erkenntnis hatte ich wenige Jahre später beim Üben des Berimbauspiels: ein unsauberes Anspielen der Saite dieses Musikbogens, der zur Capoeira gespielt wird, erzeugte einen schnarrenden Ton, den ich als unsauber empfand und eigentlich zu vermeiden suchte. Erst nach einiger Zeit entdeckte ich, dass dieser *falsche* Ton ein interessantes rhythmisches Element darstellte, das im Zusammenklang der Instrumente eine ganz wichtige Funktion erhielt und von allen geübten Berimbauspielern eingesetzt wurde.

Beim Tanz kultivierten wir solche Brüche durch ganz unterschiedliche Variationen. Wir suchten auf einem Bein zu balancieren, loteten diese Balance bis an ihre Grenze aus und ließen uns durch den Fall und den Kontrollverlust in neue Richtungen lenken. Oder die Kommandos *drop* oder *freeze* bedeuteten auszusteigen aus der aktuellen Bewegung oder einzufrieren und zu warten, bis etwas Neues entstand, bis sich im Körpergefühl eine neue Bewegungsidee herausbildete.

Bei meinem ersten Fünftageworkshop mit Soto hatte er uns bereits auf eine Reise durch alle Inhalte seines Movement Awareness Trainings mitgenommen. Nun wiederholten und vertieften wir sie in den folgenden Trainingseinheiten auf eine Weise, dass ich immer wieder Neues entdeckte. Obwohl wir an den immer gleichen neun Linien der Ideokinese arbeiteten oder zum zigsten Mal die Positionen des Movement Rituals durchliefen, oberflächlich betrachtet also die gleichen Dinge wiederholt taten, entwickelten wir ein tieferes Verständnis der körperlichen Zusammenhänge. Am Anfang erstaunte mich die Vielfalt der Variationsmöglichkeiten, später merkte ich, wie ich durch die Arbeit in die Tiefe selbst dazu in die Lage versetzt wurde, zu variieren und neue Möglichkeiten zu entwickeln.

Früher hätte ich nach einem Workshop versucht, nicht gleich alles Neue in meinem eigenen Unterricht *aufzubrauchen*. Nun war es, als könnte ich alles hergeben, und je mehr ich gab, umso mehr schien sich mein Reservoir an Möglichkeiten zu füllen.

Ideokinese – Körperhaltung und Imagination

Ein wesentliches Element in Sotos Unterricht war die Arbeit an der Körperhaltung durch Imagination. Mabel E. Todd veröffentlichte 1937 ihr Buch „The Thinking Body", in dem sie eine gründliche Analyse des menschlichen Bewegungsapparates unter statischen, mechanischen und funktionalen Gesichtspunkten lieferte. Wesentlich in ihrer Darstellung war das Verständnis, wie der Körper in der Schwerkraft ausbalanciert wird, wie also Kompressionskräfte und Strebekräfte gegen- oder miteinander wirken müssen, um eine aufrechte Körperhaltung möglich zu machen. Sie betrachtete die Körperstatik als ein ständiges feines Aussteuern dieser Kräfte.

Ohne dass es uns zu Bewusstsein kommt, ist unser Nervensystem permanent mit dieser Aufgabe beschäftigt, außer wenn wir liegen und der Boden uns trägt. Aber selbst dann wirken Haltemuster noch nach, denn sie sind nicht rein mechanisch, sondern in unserem Nervensystem mit Emotionen und Denkvorgängen verbunden. Todd beließ es nicht bei der Beschreibung der funktionalen Zusammenhänge im Körper, sondern sie benannte Möglichkeiten, um darauf Einfluss zu nehmen. Wesentlich ist für sie die genaue Beobachtung der Körperempfindungen.

Anders als bei einer Kräftigungsgymnastik ging es ihr nicht um ein Training zur gezielten Stärkung bestimmter Haltungsmuskeln, sondern um die Organisation der Haltungs- und Bewegungsmuster mit Hilfe von Wahrnehmung und Vorstellungskraft. Deshalb spielt für sie die Propriozeption eine wichtige Rolle.
Vom motorischen Areal des Gehirns oder auch von den reflektorischen Schaltstellen im Rückenmark gehen Bewegungsimpulse oder Befehle aus, die über Nerven-

verbindungen zur ausführenden Muskulatur geleitet werden. Von dort kommen Rückmeldungen zum sensorischen Areal des Gehirns über die Ausführung der Bewegungen oder auch über eine Veränderung der Muskelspannung.
Dieser Aspekt der Eigenwahrnehmung wird Propriozeption genannt und strukturiert unser Körperbild, weshalb wir jederzeit wissen, wo sich unsere Arme befinden oder ob die Knie gebeugt oder gestreckt sind.
Falls wir das überhaupt wissen wollen, weil unser Bewegungsverhalten ja meistens ohne bewusstes Eingreifen abläuft.
Ohne diese Eigenwahrnehmung wäre eine zweckmäßige Steuerung von Bewegungsabläufen nicht möglich, selbst wenn die Bewegungen automatisch und weitgehend unbewusst ablaufen.
Andererseits ist die Eigenwahrnehmung, wenn ich sie auf die Ebene der Bewusstheit bringe, der Schlüssel für eine Veränderung oder Reorganisation dieser Bewegungsmuster. Denn was ich nicht erkenne, kann ich auch nicht verändern.

In der Nachfolge der Ideen von Mabel Todd wählte Lulu Sweigard für die imaginative Haltungserziehung den Begriff Ideokinese. In ihrem 1974 erschienenen Buch *Human Movement Potential – Its Ideokinetic Facilitation* (Das menschliche Bewegungspotenzial – seine Verfeinerung durch Ideokinese) stellte sie neben den theoretischen Grundlagen eine konkrete Systematik dieser Art der Haltungserziehung vor: The Nine Lines Of Movement.
Sweigard setzte sich mit den Kräfteverläufen im Skelett auseinander und stellte dar, wie die Muskulatur durch verschiedene Arten von Hebelwirkung die Gelenke beugt oder streckt.
In einer unveröffentlichten Studie ließ sie 200 Probanden mit ideokinetischen Bildern unterrichten. Deren

Haltungsveränderungen, die durch die imaginierten Bewegungen bewirkt worden waren, ließ sie genau vermessen. Mit den Ergebnissen konnte sie zeigen, dass rein imaginierte Bewegungen ohne eine tatsächliche äußere Bewegung einen signifikanten Effekt auf die Körperhaltung hatten.

Vor allem aber analysierte sie, dass es im menschlichen Körper neun Linien oder Vektoren gibt, die für die Aufrichtung entscheidend sind. Jede dieser Linien ist als das Ergebnis des Zusammenwirkens vieler Muskeln aufzufassen, deren Komplexität man im Detail nicht erfassen oder gar ansteuern könnte.

Ähnlich wie ein Wort die Zusammenfassung eines ganzen Gedankenkomplexes sein kann, stellt jede der neun Linien die Essenz einer komplexen Bewegungsstruktur dar.

Sweigard arbeitete mit diesen Linien, indem sie ihre Schüler zunächst eine sogenannte konstruktive Ruheposition einnehmen ließ, auf dem Rücken liegend mit aufgestellten Beinen, die Knie aneinander gelehnt, die Arme über dem Brustkorb verschränkt wie bei einer Selbstumarmung.

In einer ersten Phase sollte die Körperspannung reduziert werden. Dafür entwickelte sie das Bild vom Leeren Anzug. Man stellte sich vor, einen Ganzkörper-Anzug zu tragen und beobachtete, wie dieser Anzug von der Körperperipherie zum Zentrum hin nach und nach leer wurde und flach zusammenfiel. Es handelte sich um eine Art Bodyscan, bei dem das Nervensystem über einen indirekten Weg angeregt wurde, überflüssige Haltearbeit loszulassen.

Es ging ihr aber keineswegs um Entspannung. Das Loslassen war lediglich die Grundvoraussetzung, um mit den Linien wirkungsvoll arbeiten zu können. Jede der

Linien hat einen genau definierten Verlauf, beispielsweise vom oberen Ende des Brustbeines zum Atlas-Wirbel, und zudem ist entlang der Linie eine Bewegungsrichtung vorgegeben, in diesem Beispiel vom Brustbein aufwärts bis unter die Schädelbasis.
Das Wort Ideokinese besagt, dass eine Vorstellung, eine Idee (Ideo) visualisiert wird, die in Bewegung gebracht wird (Kinese). Diese Visualisierung kann entlang der anatomischen Gegebenheiten geschehen, also mit der Kenntnis der Knochen oder sie kann durch fantasievolle Bilder erleichtert werden. Man könnte sich vorstellen, wie ein Marienkäfer einen Grashalm hinaufklettert oder wie man eine Perle auf einem Faden hochschiebt. Diese Bewegung wird ausschließlich in der Vorstellung und ohne äußere Bewegung durchgeführt.

Ein weiterer Vertreter der Ideokinese war André Bernard, ein New Yorker Moderator von Radio-Opernsendungen, der mit vielen Sängern und Schauspielern arbeitete, für die ein bewusster Umgang mit der Körperhaltung über die Qualität ihrer Kunst entscheidet. André unterrichtete eine ganze Woche lang einen Lehrgang in Wiesbaden, wo ich als Übersetzer einspringen durfte.
Ich kannte ihn bis dahin nur von Sotos Erzählungen als den wichtigsten lebenden Vertreter der Methode und erwartete einen gutgebauten Mann mit ausgeglichener Körpersymmetrie. Umso erstaunter war ich, als ein kleines leicht buckliges Männlein zur Tür herein kam, dessen Füße in eine ganz andere Richtung zeigten als sein Becken. Noch erstaunlicher war seine volle, tiefe Stimme, die so gar nicht zu seinem Äußeren passen wollte.

Kaum hatte er seinen Unterricht begonnen, spielten diese Äußerlichkeiten keine Rolle mehr. Obwohl er an die Tafel schematische Darstellungen von Hebelwir-

kungen zeichnete und sie mit seiner klangvollen Stimme erläuterte, was vordergründig nichts mit meinem Skelett zu tun zu haben schien, bemerkte ich, wie ich auf meinem Stuhl immer aufgerichteter wurde.
Allein seine Präsenz und seine Art zu unterrichten erzeugten eine hypnotische Wirkung, die das Nervensystem seiner Zuhörer stimulierte und alle Inhalte, die er vermittelte, direkt in eine körperliche Umsetzung brachte.
Seine scheinbar unvollkommene Körpersymmetrie war zudem ein deutlicher Hinweis darauf, dass es nicht um die perfekte athletische Haltung ging, sondern dass jeder Mensch von seinem individuellen Ausgangspunkt eine Entwicklung machen kann. Einer seiner Schüler war Eric Franklin, dem eine kreative Weiterführung der Ideokinese gelungen ist, die er in seinen Büchern als Franklin-Methode präsentiert.

Wenn du jetzt neugierig geworden bist und die Ideen der Ideokinese ausprobieren möchtest, solltest du auf dem Stuhl deine Sitzhöcker spüren, dich nicht anlehnen, beide Füße flach auf den Boden stellen und in Ruhe einige bewegte Strömungen gedanklich durch deinen Körper fließen lassen:

Die folgenden Linien sind an das System von Lulu Sweigard angelehnt. Du kannst in einem Schnelldurchlauf eine Idee davon erlangen:
Bringe die Linien genau an den richtigen Ort in deinem Körper und stelle dir die Bewegungsrichtungen vor. Mache keine willentlichen äußerlich sichtbaren Bewegungen. Wenn du eine Aufrichtung fühlst, dann lass sie geschehen, als ob *es* dich bewegt.
1. Lass es an der Rückseite der Wirbelsäule abwärts fließen, wie herabströmendes Duschwasser.
2. Verbinde in Gedanken die Mitte des Schambeines mit dem Wirbelkörper des zwölften Brustwirbels (der etwas

höher liegt als der Bauchnabel); lass diese Linie sich verkürzen.

3. Lass es vom oberen Ende des Brustbeines auf einer geraden Linie zum Atlas-Wirbel unter der Mitte der Schädelbasis strömen.

4. Stell dir deine Körperlängsachse vor und lass den Umfang deines Brustkorbs enger an diese Achse heran rücken.

5. Lass es an der Rückseite des Beckens vom Kreuzbein weg nach außen strömen, als würdest du die Gesäßtaschen deiner Jeans weiter auseinander schieben.

6. Du kannst diese Bewegung um die Seiten des Beckens nach vorne herum weiter führen, sodass du an der Vorderseite des Beckens die Taschen vor dem Bauch zusammen schiebst.

7. Stell dir die Verbindungslinie vom Zentrum des Kniegelenks zur Pfanne des Hüftgelenks vor, und lass es vom Knie in Richtung Pfanne strömen.

8. Von der großen Zehe zur Ferse siehst du eine Linie, die das Fußgewölbe stimuliert.

9. Stell dir noch einmal deine zentrale Körperachse vor und lass es vom Beckenboden nach oben Richtung Kopf strömen, wie aufsteigende Sektperlen.

Jetzt solltest du dich ein paar Atemzüge lang beobachten, dann aufstehen und ein paar Schritte durch den Raum gehen, bevor du weiterliest.

Movement Ritual – mehr als fließende Bewegungen an der Erde

In den siebziger Jahren gründeten einige Bewegungsleute und Tänzer an der kalifornischen Westküste den San Francisco Dancers Workshop. In diesem Rahmen entwickelte Anna Halprin ihr Movement Ritual, das Bewegungsritual. Es besteht aus einer Abfolge von Bewegungen, die Elemente aus dem Yoga und dem Modern Dance Training enthalten.

Anna Halprin war auf der Suche nach neuen Ausdrucksformen und hinterfragte alle Konventionen, die es im klassischen und im Modernen Tanz zu ihrer Zeit gab. Abgesehen von ihren ganz frühen Stücken zeigte sie keine festgelegten Schritte oder Bewegungsabfolgen, sondern suchte nach der direkten Umsetzung körperlicher Empfindungen. Oder ihr Tanz bestand darin, auf die Umgebung oder auf ihre Tanzpartner zu reagieren.

Trotz dieser Offenheit für das Entstehen von Bewegung, entwickelte sie im Movement Ritual eine *Form*, eine festgelegte Abfolge von Bewegungen, die sie in ein Buch fasste. Darin beschrieb sie, angereichert durch ansprechend stilisierte Grafiken, die verschiedenen Körperpositionen in ihrem genauen Verlauf.

Das Movement Ritual verbindet die Kardinalbewegungen der Wirbelsäule miteinander: Beugen, Strecken, Seitneigung und Torsion werden an der Erde in verschiedenen Positionen ausgeführt, teilweise im Liegen, manche im Sitzen, und schließlich im Vierfüßler, bevor die Aufrichtung zum Stehen erfolgt. Nachdem man die Form gründlich erarbeitet und durchdrungen hat, werden diese Positionen in fließenden Übergängen miteinander verbunden.

Das Movement Ritual eignet sich bestens als Warmup und Vorbereitung auf den Tanz, kann aber auch als tägliche Bewegungszeit genutzt werden. Da kein Tag wie der andere ist, können sich die Dehnungen einmal locker und geschmeidig anfühlen, und ein anderes Mal sind die Muskeln und Bänder vielleicht so fest, dass die Dehnungen und das Beugen schwer fallen. Man erkennt darin seine Tagesform und kann die Tätigkeiten des Tages bewusster danach ausrichten. Und sich darüber hinaus mehr Geschmeidigkeit verschaffen.

Anna Halprin war unter anderem im Kontakt mit Fritz Pearls, dem Begründer der Gestalt-Therapie und war sich der emotionalen Dimension von Bewegung völlig im Klaren. So konnte sie das Movement Ritual als Handwerkszeug für einen Selbsterfahrungsprozess nutzen. Gleichwohl legte sie Wert darauf zu sagen, sie mache Kunst, keine Therapie.
An einer *verbalen Aufarbeitung* der körperlichen und seelischen Empfindungen war sie primär nicht interessiert, vielmehr wurden die Erfahrungen recycelt und in den Prozess der weiteren künstlerischen Gestaltung einbezogen.
Eine Kunst, die therapeutische Wirkung entfalten kann.

Gearbeitet wird mit dem Movement Ritual meistens, indem Teilsequenzen genauer erforscht werden. Dazu werden die Bewegungen in der Reichweite variiert oder auf unterschiedliche Weise wiederholt; auch die Verbindung mit Tönen ist möglich. Großer Wert wird darauf gelegt, dass die Bewegungsfolge die Grundlage für einen Prozess der Selbstwahrnehmung ist, und nicht einfach als Form reproduziert wird.
Wenn mehrere Tänzer diese fließenden Bewegungen gleichzeitig ausführen, durchaus nicht synchron, sich also in unterschiedlichen Phasen der Abfolge befinden, entsteht eine besondere Ästhetik, die das Zuschauen zum Genuss macht.
Anders als im traditionellen Bühnentanz sind die Bewegungen zwar ebenfalls an der vorgegebenen Form

orientiert, jedoch lebt die Darstellung von der aktuellen Selbstwahrnehmung und Authentizität der Tänzer.

Zusätzlich zu den in ihrem Buch dargestellten Bewegungen am Boden, entwickelte Anna Halprin später eine Erweiterung im Stehen und in der Fortbewegung.

Ein kleines Bewegungsexperiment zum Movement Ritual ist auch im Sitzen möglich und macht die Kardinalbewegungen der Wirbelsäule – Beugung, Streckung, Drehung, Seitneigung – auf einfache Art erfahrbar:
Setze dich auf auch die Vorderkante deines Stuhls und spüre die Sitzknochen auf der Sitzfläche.
1. Rolle mit dem Becken langsam nach hinten und lass gleichzeitig den Kopf sinken, sodass der gesamte Rücken rund wird – Beugung.
2. Halte mit der rechten Hand den linken und gleichzeitig mit der linken Hand den rechten Ellenbogen; führe beide Arme nach oben über den Kopf und rolle mit den Sitzknochen nach vorne – Streckung.
Gehe bei den folgenden Bewegungen nicht bis an die Dehnungsgrenzen!
3. Setze dich wieder auf beide Sitzknochen und bringe beide Arme in der gleichen Haltung der Hände an den Ellenbogen nach vorne und drehe dich langsam nach rechts, auch der Kopf dreht mit, und anschließend nach links – Drehung.
4. Bringe beide Arme in der gleichen Haltung – Hände an den Ellenbogen – senkrecht über den Kopf und mache eine leichte, langsame Neigung nach rechts und links.
Wie fühlst du dich jetzt?

Das Movement Ritual ist ein Teil ihres Konzeptes des *Life-Art-Process*:

Äußere Erfahrungen treffen auf den Kern des Selbst und führen zu einer inneren Auseinandersetzung und Verarbeitung.
Daraus entsteht der künstlerische Ausdruck als eine Äußerung, die vom Inneren nach außen gerichtet ist.
Die einwärts *und* nach außen gerichteten Wege verlaufen über vier Wahrnehmungskanäle: körperlich, emotional, mental und spirituell. Alle stehen miteinander in Wechselwirkung.
Diese vier Kanäle bestimmen folglich auch die Qualitäten von kreativen Äußerungen.

Da das Individuum mit der Ganzheit seiner Eigenwahrnehmung, seiner inneren Bearbeitung und seinen (Bewegungs-) Äußerungen auf seine räumliche *und* soziale Umgebung trifft, beschränkt sich die Halprin-Arbeit nicht auf die *tänzerische* Ausdrucksform, sondern bezieht das Schreiben, Tönen, Sprechen und Malen mit ein.
In Bewegungsritualen, oft für große Gruppen von Tänzerinnen und Tänzern konzipiert, findet schließlich das Spirituelle seinen Ausdruck.

Ihr Lebenswerk ist in dem Film *Breath made visible* auf eindrucksvolle Weise dargestellt.
Bis heute veranstaltet sie im Alter von weit über neunzig Jahren auf dem Mount Tamalpais jährlich das große Friedensritual „circle the earth".

Exkurs – die Bedeutung von Formen für das Lernen durch Bewegung

Das Movement Ritual ist ein Beispiel dafür, wie durch die *Begrenzung* auf eine Form Kreativität freigesetzt wird. Wenn aller Raum und alle Möglichkeiten frei zur Verfügung stehen, wird die Freiheit, sie zu nutzen, zum Hindernis. Erst die Begrenzung bietet Reibungsfläche und Widerstand, zu dem unser Nervensystem einen Umgang finden muss. Häufig sind die Ergebnisse umso interessanter, je enger der Rahmen gesetzt ist.
Bevor ich einen Rahmen kreativ sprengen kann, muss ich ihn erfahren und durchdrungen haben. Es braucht eine Art Basisvereinbarung, auf die ich mich beziehen oder auf der ich aufbauen kann. Das kann eine äußere Form sein wie das Movement Ritual oder eine Geschichte, eine kleine Erzählung. Es kann die eigene Lebenslinie sein oder eine Episode daraus. Selbst die Beschränkung auf eine einfache Geste öffnet manchmal den Weg zu erstaunlich kreativen Ergebnissen.
Will ich meine Aussage für andere transportieren und erfahrbar machen, eine Gruppenaktion damit durchführen oder auch nur im Kontakt sein, braucht es eine gemeinsame Sprache, Übereinkünfte oder Rituale.
Kreativität geschieht nicht im inhaltsleeren Raum.
Leben findet immer im sozialen Kontext statt.

Diese Zusammenhänge waren mir reichlich unbewusst, im Gegenteil versuchte ich, das Movement Ritual so präzise wie möglich zu erlernen, ich wollte geradezu ein Musterbeispiel für seine *korrekte* Durchführung sein. Die Variationen beim Erlernen bedeuteten für mich lediglich das Hilfsmittel, um die Form perfekt zu beherrschen.
Wenn ich auf Geburtstagsfeiern bei Freunden Aufführungen machte und das Movement Ritual vortanzte,

wurde ich darin bestärkt, dass meine Ausführung ästhetisch und schön anzuschauen war.
Aber die Form beherrschte mich. Auf die Idee, sie zu sprengen kam ich noch längst nicht. Erste Zweifel kamen mir erst, als mein unterer Rücken zu schmerzen begann, und die Torsionsbewegungen keine Erleichterung mehr brachten wie früher, als mir die Bewegungen noch neu waren. Mir kam der Verdacht, dass sie inzwischen das Gegenteil von Linderung bewirkten und meine Rückenprobleme mit verursachten.
Heute ist mir klar, dass Bewegungen, und vor allem Dehnungen, die zu oft und zu stark wiederholt werden, Muster von Überbelastung bahnen können. Auf diese Weise wird so manches Yoga gegen Rückenschmerzen unversehens zum Yoga zur Erzeugung von Rückenschmerzen.

Auch bevor ich mit dem Movement Awareness Training begann, hatte ich mich immer unter bestimmten begrenzenden Rahmenbedingungen bewegt, getanzt und Bühnenstücke erarbeitet – weil es gar nicht anders geht, weil es immer Begrenzungen gibt.
Nun aber machte ich es mir zur Aufgabe, die Form zu erkennen und sie dann zu erweitern, zu verändern, zu verlassen und auch wieder zu ihr zurück zu kehren.
Diese Vorgehensweise hatten wir im Movement Awareness Training bei den abendlichen Improvisations-Sessions erarbeitet indem wir ein Thema entwickelten, variierten, verfremdeten und fallen ließen. Jetzt schaffte ich offensichtlich einen Transfer in andere Gebiete. Leider hatte es dafür erst des Leidensdruckes durch meine Rückenschmerzen bedurft.

Der Weg aus diesem Dilemma ergab sich durch eine verfeinerte Wahrnehmung. Ich lernte, dass eine Bewegung nicht so weit gehen musste, bis die Schmerzgrenze erreicht war, sondern dass bereits weit vorher Abstufungen und feinere Grenzen zu erkennen waren, über die ich zuvor einfach hinweg gegangen war. An diesen Zwischenstufen zu verweilen eröffnete die Wahrnehmung für tiefere Schichten oder zeigte andere mögliche Richtungen auf, die ich bis dahin übersehen hatte.

Nicht nur das Movement Ritual war eine *Form* in Sotos Training. Auch der Stockkampf war, wenn wir uns nicht gegenseitig die Finger blau hauen wollten, ohne Formen nicht erlernbar. Für den Wechsel von Angriffsschlägen und Abwehrbewegungen, die wiederum in neue Angriffe mündeten, war eine gute Abstimmung mit dem Übungspartner unverzichtbar.
Dafür gab es Formen, die auf den Philippinen in vielen Generationen entwickelt und überliefert worden waren. Das waren zu Beginn einfache Kombinationen, die im Laufe der Zeit durch veränderte Schlagrichtungen, unterschiedliche Distanzen und auch durch Drehungen und räumliche Schrittfolgen immer komplexer wurden.
Am Ende stand aber auch hier die Auflösung der festen Abfolgen, die Fähigkeit, die Art eines Angriffes selbst bestimmen zu können und in der Lage zu sein, auf jede Art von Angriff zu reagieren.
Wenn es dann gelang, in einen Bewegungsfluss zu kommen, bei dem die Stockschläge auf die abwehrenden Stöcke trafen und den Rhythmus der Bewegungen hörbar machten, war das für mich ein Hochgenuss.

Capoeira – eine brasilianische Bewegungskunst

Capoeira ist eine brasilianische Bewegungskunst, ein Kampf-Tanz, dessen Basis ein Grundschritt ist, der Ginga (*sching-ga*) genannt wird. Diese Bezeichnung leitet sich von dem portugiesischen Wort *gingar* ab, das *spielen* bedeutet.
Zwei Spieler oder auch Kämpfer umkreisen sich mit diesem wiegenden Schritt, aus dem sich plötzlich eine *Meia-Lua de Frente*, ein halbmondförmiger Tritt von außen nach vorne oder ein *Rabo de Arraia*, ein Rochenschwanz rücklings dem Gegner in einem Bogen mit großer Geschwindigkeit gefährlich nähern kann. Der Gegner weicht geschmeidig aus und entwickelt aus seiner Verteidigungsbewegung heraus seinerseits einen Angriff. Das kann eine *Queixada,* ein Tritt zum Kinn oder eine der vielen anderen Varianten sein, sodass die fliegenden Beine zahnradartig ineinander greifen und durch den freiwerdenden Raum zirkeln. Es sind fließende kreisende Bewegungen, die mit hoher Geschwindigkeit ausgeführt werden können und in dieser Eleganz in keiner anderen Kampfkunst zu finden sind.

Afrikanische Sklaven entwickelten diese Kampftechnik für ihren Widerstand und benutzten als Waffe vor allem ihre Beine, wodurch sie selbst mit gefesselten Händen effektiv kämpfen konnten.
Für die Besitzer der Zuckerrohrplantagen und ihre Aufseher bedeutete es eine Bedrohung, wenn sich die Sklaven wehrhaft machten, deshalb unterbanden sie jede Art von Training.
So diente die *Ginga* dazu, den Kampf hinter einem harmlosen Tanz zu verbergen, und Rhythmusinstrumente vervollständigten die Tarnung.
Die übliche Instrumentierung einer *Roda*, dem kämpferischen Spiel im Kreis der Capoeiristas, besteht aus dem *Berimbau*, einem Musikbogen mit einer Kalebasse

als Resonanzkörper, dem Schellentamburin *Pandeiro,* einer Doppelglocke, genannt *Agogo,* und den *Atabaques,* Konga-ähnlichen Trommeln. Es entstanden Rhythmen, die den Charakter des Tanzes oder die Ernsthaftigkeit des Kampfes begleiteten und stimulierten oder anzeigten, wenn sich die Aufseher näherten und nur noch der Tanz zu sehen sein sollte.

Die Geschichte der Capoeira ist geprägt von Unterdrückung, und erst 1972 wurde sie offiziell als wichtiges Kulturgut Brasiliens und als Sport anerkannt. Dies war vor allem der integeren Persönlichkeit des legendären Capoeirameisters *Mestre Bimba* zu verdanken. Heute ist Capoeira in Brasilien fast so populär wie Fußball, und, exportiert nach New York, wurde sie zu einer der Wurzeln des Breakdance.

Ende der siebziger Jahre brachte Mestre Acordeón, ein Meisterschüler von Mestre Bimba, die Capoeira von Salvador da Bahia nach San Francisco. Soto trainierte bei ihm und war, als ich ihn kennenlernte, vermutlich der erste Bewegungskünstler, der Capoeira wiederum in Deutschland verbreitete. Ich selbst war von diesen Bewegungen so angefixt, dass ich sie intensiv trainierte und, um Übungspartner zu bekommen, umgehend in meinen Tanzunterricht einbaute.

Bald kamen die ersten brasilianischen Capoeiristas nach Deutschland, es bildeten sich Gruppen in Hamburg, Berlin und München, aber in Mittelhessen war ich weit und breit der Einzige, der einige Grundlagen erlernt hatte und weitergeben konnte. Ich war süchtig nach neuem Input und fuhr nach Berlin und München auf Workshops, und schließlich konnte ich auch Mestre Acordeón nach Gießen einladen.
Bira, so sein eigentlicher Name, war nicht nur ein Capoeira-Meister, sondern auch ein ausgezeichneter

Musiker. Nach dem Workshop saß er in unserem Wohnzimmer und spielte auf meiner spanischen Gitarre, die ich in schmählicher Weise seit Jahren nur als Dekoration an der Wand hängen hatte.
Bira zeigte mir unterschiedliche Rhythmen für das Musizieren auf dem *Berimbau* und bestärkte mich darin, die Bewegungen weiter zu trainieren, auch wenn ich keinen Lehrer vor Ort hatte.
Von seinen Schallplatten lernte ich die portugiesischen Texte der Capoeira-Lieder, und aus seinen Büchern die Geschichte und Philosophie dieser Kampf- und Bewegungskunst.

In meinem Unterricht legte ich großen Wert auf das Spielen der Instrumente und die Wechselgesänge. Ich wollte diese Kunstform nicht auf ihre faszinierenden Bewegungen reduzieren und meinen Schülern ebenso den philosophischen und historischen Hintergrund vermitteln.
Der Kreis, der von den Capoeiristas gebildet wird und innerhalb dessen das *Jogo da Capoeira*, das Spiel stattfindet, gilt bei Mestre Acordeón als Symbol für den Weltenkreis.
Wer im Kreis steht fühlt sich dazugehörig und liefert mit rhythmischem Klatschen und Anfeuerungen den beiden Capoeiristas im Kreis die Energie für das Spiel. Alle, die den Kreis bilden, klatschen die Rhythmen mit, singen die Wechselgesänge und lösen gelegentlich die *camaradas* an den Instrumenten ab. Oder sie berühren mit den Händen zuerst den Berimbau, dann die Erde und betreten Rad schlagend den Kreis zum spielerischen Kampf oder zum kämpferischen Spiel, um sich danach wieder in den Kreis der Capoeiristas einzureihen – ein ständiger fließender Wechsel auf allen Positionen.

Bei vielen dieser Bewegungen berühren die Hände den Boden und stützen den Körper in akrobatischen Haltungen, manchmal mit der Wange fast an der Erde und den Beinen in der Luft, bereit, den Gegner im nächsten Moment durch eine scherende Bewegung der Beine zu Fall zu bringen. Räder werden geschlagen und es gibt Drehungen kopfunter mit einem Blick zwischen den Beinen hindurch, Fortgeschrittene zeigen nicht selten einen Salto oder Flickflack.

Bewegungen, bei denen der Kopf weiter nach unten kommt als das Becken, also Radschlagen, Rollen oder Purzelbäume, werden im Laufe eines Lebens als erstes aufgegeben. Viele Dreißigjährige haben schon seit Jahren keine Rolle mehr gemacht.
Als nächstes werden Drehungen und Verwringungen aus dem Bewegungsrepertoire gestrichen: alte Leute müssen sich oft mit kleinen Schritten auf der Stelle drehen, um hinter sich sehen zu können. Die Gleichgewichtsorgane werden nicht mehr gefordert, und die Fähigkeit, einen Sturz unverletzt zu überstehen, wird immer geringer.
Gegen diesen Verlust von Bewegungsoptionen ist Capoeira eine wirksame, allerdings auch sehr fordernde Vorbeugung: selbst die ältesten Capoeiristas in Brasilien, manchmal nahe am achtzigsten Lebensjahr, sind noch in der Lage, die Kopfunter-Bewegungen elegant auszuführen.

Es muss aber nicht immer gleich akrobatisch sein: auch über Feldenkrais-Lektionen kann der Kopf auf behutsame Weise tiefer als das Becken gebracht werden, sodass sich selbst ungeübte ältere und junge Menschen diese Bewegungsfähigkeit zurückerobern können.

Kontaktimprovisation –
Berührung und getanzte Kommunikation

Ebenfalls Mitte der Siebziger Jahre des letzten Jahrhunderts entstand die Kontaktimprovisation in Amerika aus einer Abgrenzung zum Postmodernen Tanz. Ohne elaborierte Tanzbewegungen, mit dem natürlichen menschlichen Bewegungsrepertoire, in der Auseinandersetzung mit der Schwerkraft und der Frage, wie kann ich mein Gewicht an den Boden abgeben, experimentierten die ersten Vertreter dieser neuen Richtung mit körperlicher *Begegnung* im Tanz.

Viele Ideen, die man heute in aktuellen Tanzproduktionen auf der Bühne zu sehen bekommt, haben sich aus der Kontaktimprovisation entwickelt. Der Unterschied besteht darin, dass sie auf der Bühne in eine wiederholbare Form choreografiert wurden, wohingegen sich die Bewegungen beim Tanzen der Kontaktimprovisation in ständiger Entwicklung und Veränderung befinden.

Zwei Menschen lehnen aneinander, bewegen sich, sodass sich der Kontakt zwischen ihren Körpern fließend verändert, eine stützt, der andere gibt sein Gewicht, rollt auf den Boden, die andere bleibt im Kontakt, folgt, die Körper gehen durch Konstellationen, deren Entwicklung nicht vorhersehbar scheint, und die aus den Möglichkeiten des Augenblicks entstehen.

Kontaktimprovisation ist ein gemeinsames Experimentieren, der Kopf denkt nicht, sondern die Tänzer sind als ganze Person mit ihren Fähigkeiten und Begrenzungen, ihren bewussten und unbewussten Anteilen, ihren Stimmungen und blitzartigen Einfällen, ihrem Wunsch nach Ruhe oder Ausgelassenheit in körperlich unmittelbarer Kommunikation.

In diesem improvisierten Tanz eröffnen sich durch die Kombination von zwei oder mehr Personen völlig neue und unerwartete Möglichkeiten. Es entsteht ein Führen und Folgen, aber anders als im Tango Argentino sind die Rollen nicht festgelegt, sondern können sich jederzeit verändern.

Es gibt auch keine festgelegten Formen. Der Kontakt kann ein Rollen oder auch ein Rutschen zwischen den Körperoberflächen sein, die Tanzenden können sich über den Boden rollen oder gemeinsam durch den Raum toben, es entstehen Hebefiguren oder sogar Sprünge. Es können sich gemeinsame Ruhephasen einstellen; oder der Kontakt wird aufgegeben, wechselt zu anderen Partnern über oder wird zum Solo.

Es gibt keine Tabuzonen, die ganze Körperoberfläche steht für den Kontakt zur Verfügung. Ebenso kann sich jeder Tänzer oder jede Tänzerin aus einem Kontakt zurückziehen, der nicht angenehm ist oder wenn sie spürt, dass die Phase des gemeinsamen Tanzes vorbei ist.

Damit dies funktionieren kann, braucht es eine wache Aufmerksamkeit und ein grundsätzliches Vertrauen in die eigenen Fähigkeiten und auch darauf, dass die Tanzpartner autonom sind, für sich selbst sorgen und eigene Wege wählen können. Contact ist eine Möglichkeit, gerade dieses Vertrauen bei sich selbst zu entwickeln. Um Contact zu tanzen braucht es keine besonderen tänzerischen Fähigkeiten, sondern vor allem die Offenheit, sich ohne Plan auf die entstehenden Situationen einzulassen.

Im Movement Awareness Training ließ uns Soto damit experimentieren, wie viel Gewicht ein Körper aushalten oder tragen konnte, wie man an einer anderen Person hochklettern oder sich an ihr abgleiten lassen konnte.

Wir gaben uns Bewegungsimpulse, nicht mit den Händen, sondern mit anderen Körperteilen oder stellten uns einer Bewegung mit Kraft entgegen und beobachteten und spürten körperlich die Auswirkung, um daraufhin die neue Richtung zu verfolgen.
Wir bauten gemeinsam Druck gegeneinander auf und ließen ihn wieder abklingen.
Wir spielten mit der Idee *Wolken und Wind*, eine Person die Wolke, die andere der Wind oder benutzten Aikido-Elemente mit ihren Hebelwirkungen auf die Gelenke und ließen uns überraschen, wohin sie uns führen würden.
Der gemeinsame Tanz konnte sich also durchaus in eine dominante und eine passive Rolle aufteilen, bei der das Thema *Führen und Folgen* aufkam.

Soto ließ uns häufig Raumwege gehen, beispielsweise Kreise, die sich mit den Kreisen der anderen überschnitten. Dadurch entstanden zufällige Begegnungen, die sich dann weiter entwickeln konnten. Das Gehen durch den Raum schulte zugleich das Raumgefühl und die periphere optische Wahrnehmung, sodass wir lernten, die Wege der anderen zu antizipieren, vorauszuahnen.

Norman Doidge schreibt in seinem Buch *Wie das Gehirn heilt* über die Bedeutung des peripheren Sehens: alles Unvorhergesehene taucht zuerst in der Peripherie auf, sodass diese Art der Wahrnehmung evolutionär von großer Bedeutung für das Überleben war und die entsprechenden Gehirnfunktionen als Teil des Zusammenspiels unseres Nervensystems ausgebildet wurden. Wie würde es sich wohl längerfristig auswirken, wenn wir unsere Aufmerksamkeit ständig auf den Bildschirm unserer Smartphones gerichtet haben, der nur einen winzigen Teil unseres Gesichtsfeldes ausmacht?

Eine der Aufgaben bei Soto bestand darin, sich zunächst alleine fortzubewegen, mit anderen in Kontakt zu kommen und bezogen aufeinander ein gemeinsames Stück Weg zurück zu legen. Wir waren wach dafür, ob jemand auf passende Weise mit einem zusammen träfe, sodass sich ohne Aufwand eine gemeinsame Richtung ergab (später erging es mir auf diese Weise in einer Lindauer Gasse mit dem Leiter der Lindauer Psychotherapietagung, woraus sich ein neuer Schritt in meiner beruflichen Entwicklung anbahnte). Wenn sich aus der Situation wieder getrennte Wege ergaben, lösten wir den Kontakt einfach auf. Alles spielte sich mit großer Leichtigkeit ab.

Aus diesen Ideen konnte sich auch ein Gehen im Schwarm entwickeln. Die ganze Gruppe bewegte sich durch den Raum ohne vorgegebene Richtung. Die ergab sich aus zufälligen gemeinsamen Wegen von einigen Tänzern, denen sich der Rest der Gruppe anschloss. Es konnte sein, dass jemand die Initiative ergriff und eine neue Richtung initiierte. Das gelang aber nur, wenn sich ihr andere anschlossen. Die Positionen innerhalb des Schwarms waren in einem beständigen Wechsel und alle Beteiligten waren gleichzeitig autonom und Teil eines größeren Ganzen.

Bei dieser Art von *locomotion*, also Bewegung durch den Raum, versuchten wir Stillstand zu vermeiden. Wenn der Weg von einer anderen Person geschnitten oder blockiert wurde, gelang es, den Bewegungsfluss zu erhalten, indem wir beispielsweise die Fortbewegung in eine Drehung um die eigene Achse verwandelten, und weiter gingen, wenn der Weg frei war oder wenn sich durch die Drehung eine neue Richtung eröffnete.
Besonders gefiel mir eine Variante, bei der die Hälfte der Gruppe mit ausgebreiteten Armen als *Drehtüren* im

Raum verteilt stand. Die andere Hälfte bewegte sich durch diese Drehtüren, indem sie sie an den Armen um ihre Achsen drehten. Dies war eine Form von Kontaktaufnahme, bei der die Drehtüren den Impuls der Spaziergänger aufnahmen, um sich in eine Bewegung versetzen zu lassen, der sie ihren eigenen Ausdruck verleihen konnten.
Allen diesen Bewegungsformen war gemeinsam, dass sich die Kontakte immer dann wie von selbst ergaben, sobald ein stimmiges Miteinander möglich war.

Kontaktimprovisation spielt auch heute noch in meinem Unterricht eine wichtige Rolle, und mir ist nicht nur die Qualität wichtig, mit der ein Kontakt aufgenommen oder beendet wird, sondern auch die gegenseitige Achtung oder die Augenhöhe, mit der man sich in diesem Tanz begegnet.
Körperliche Berührung ist Nahrung für die Seele, und ich habe bei Contact Jams, also freien Treffen, bei denen Contact getanzt wird, häufig erlebt, wie sich Anfänger über die große Vertrautheit während dieses Tanzens mit Fremden wunderten und anschließend eine satte Zufriedenheit ausstrahlten.

Exkurs – Bewegungen sind Metaphern

Es liegt nahe, Elemente aus diesen Bewegungsformen auf allgemeine Lebensvorgänge zu übertragen. Betrachtet man den Stockkampf, so kann man einen Angriff als Kontaktaufnahme oder als Umsetzung einer Absicht auffassen, und eine Verteidigungsbewegung als Abgrenzung oder Ich-Stärke interpretieren.
Der Bewegungsfluss der Capoeira ist Metapher für ein geschmeidiges Reagieren auf bedrohliche Lebenssituationen, und beim Radschlagen steht die Welt vorübergehend auf dem Kopf, man gewinnt eine ungewohnte Perspektive.
In der Kontaktimprovisation findet eine Auseinandersetzung mit unvorhergesehenen Situationen statt, mit unerwarteten Lösungen und oft auch mit unerwarteten Begegnungen. Menschen fühlen sich im direkten körperlichen Kontakt oft anders an, als unser vorurteilsbehafteter Verstand sie eingeschätzt hatte. So lässt sich die Offenheit für körperlichen Kontakt beim Tanz als Metapher für Vorurteilsfreiheit anderen Menschen gegenüber begreifen.

Aller Tanz und jede Kampfkunst lässt sich sportlich betreiben oder als Mittel auffassen, den Körper nach ästhetischen Wunschvorstellungen zu formen.
Aber genauso kann jede banale Bewegung, und sei es nur das Gehen von A nach B, zu einer nährenden und die Persönlichkeit formenden Übung werden, wenn sie mit Wachheit und Selbstbeobachtung einher geht.

Es gibt die Geschichte von den beiden Kampfkunst-Meistern, denen ein Wettkampf bevorstand. Der eine verbrachte täglich viele Stunden im Dojo um zu trainieren. Den anderen fragten seine Schüler, *Meister, wir sehen nie, dass du dich auf den Kampf vorbereitest, wie willst du bestehen?*

Als Leserin oder Leser kennst du natürlich die Antwort! Um alle Lebensvorgänge als Übung und Vorbereitung auffassen und nutzen zu können, wie es der zweite Meister tat, braucht es einer vorausgegangenen Schulung. Keine körperlichen und geistigen Fähigkeiten entstehen aus dem Nichts, sie sind Folge langer Übung.

Irgendwo habe ich einmal die Zahl siebenhundert gehört: man benötigt angeblich siebenhundert Wiederholungen einer Bewegungstechnik, um sie so gebahnt zu haben, dass sie wie ein Reflex abläuft, und trotzdem der freien Entscheidung unterliegt, sie einzusetzen.

Das bedeutet nicht, dass sich ein Mensch dauernd selbst beobachten muss, womöglich voller innerer Anspannung.

Der Meister hat sein körperliches Grundgefühl so weit entwickelt, dass es sich jederzeit in den Vordergrund bringt, wenn es die Situation erfordert und ihn mit Informationen für seine Entscheidungen und Abzweigungen auf dem Lebensweg versorgt.

4 Tanz und Psychiatrie

Fun Dance – die Entwicklung eines eigenen Stils

Meine Gruppen hießen anfangs *Jazztanz und Pantomime*, aber mit den Erfahrungen aus der Soto-Arbeit veränderten sich die Inhalte meines Unterrichts. Passend zur Ausdrucksweise der achtziger Jahre nannte ich meine Gruppen jetzt *Fun Dance*. Das hörte sich gut an und gab mir die Freiheit, alles einzubringen, was ich an erweiternden Erfahrungen selbst erlebt hatte und was mir Spaß machte.
Ich experimentierte mit einer Kombination von Ideokinese, dem Movement Ritual, den Kampfkünsten und den Überresten von Ballett und Jazztanz aus den Zeiten meines Studiums, um meinen eigenen Stil zu entwickeln.

Eine ausgedehnte Phase angeleiteter Selbstbeobachtung war fester Bestandteil meines Unterrichts. Für freie Tanzbewegungen ließ ich Raum, ergänzte sie durch Bewegungsaufgaben, die meinen Kursteilnehmerinnen dazu verhalfen, ihre Bewegungsmuster zu verlassen, nicht nur von einem Bein aufs andere zu treten, sondern auch ihre Knie zu benutzen und Wege in andere Levels zu finden, bis hin zu Bewegungen am Boden.
Ich regte zur Fortbewegung durch den Raum an, wodurch es zu Begegnungen kam, die sich auf unterschiedlichen Energieniveaus ausleben ließen, von sanfter Annäherung bis zu robusten Remplern, von kooperativ bis direktiv, von leise bis laut.

Bei den Jazztanz-Workshops, die ich besucht hatte bevor ich Soto kennenlernte, war es üblich, dass die Teilnehmer in Reihen im Raum standen. Vorne der Lehrer, meistens ein Tänzer mit einem ausgeprägten Ego, der

seine Choreografien selbstverliebt zu lauter Musik portionsweise im Originaltempo vortanzte. In der ersten Reihe standen in schicken Tanzoutfits die Profis oder Semiprofis, die gut mitkamen und sich vom Lehrer loben ließen oder ihn anschmachteten.
Je weiter nach hinten man schaute, umso fragmentarischer wurde die Nachahmung, Bewegungen wurden nur noch markiert und die ratlosen Blicke der Verlorengegangenen reichten nicht bis nach vorne, um dem Vortänzer eine bessere Didaktik abzuverlangen.
Das war ein Modell, das für mich nicht in Frage kam.
Wenn ich konkrete Bewegungen unterrichtete, orientierte ich mich an den Schwächeren, die schon in der Schule beim Sportunterricht auf der Bank saßen, und nun die erstaunliche Erfahrung machten, dass Bewegung lustvoll sein konnte. Viele Male bekam ich solche Rückmeldungen.
Das Prinzip aus Sotos Training, nicht zu bewerten, und der wohltuend abwesende Leistungsanspruch erlaubte ihnen, mutiger zu werden und mehr auszuprobieren.
Außerdem war das Machogehabe der meisten Jazzvortänzer nicht meine Sache, und so kamen zu mir als Mann auch Frauen in den Unterricht, die in der Frauenbewegung aktiv waren oder der Lesbenszene angehörten.

Wenn jemand einen schlechten Tag hatte, sich körperlich oder psychisch angeschlagen fühlte, öffnete ich die Möglichkeit, eine Decke zu nehmen und sich an den Rand zurückzuziehen, solange die Kraft zur aktiven Teilnahme fehlte. Es war mir wichtig, diesen Freiraum innerhalb der Gruppe zur Verfügung zu stellen, sodass man einbezogen blieb, bis die Kraft wiederkam, um in das Gruppengeschehen einzusteigen.
Die Gruppen beendete ich regelmäßig mit einem kurzen Austausch über die aktuelle Befindlichkeit und die neu gemachten Erfahrungen, wodurch eine Rückerinne-

rung an das Bewegungsgefühl in der Stunde ausgelöst wurde und die gute Erfahrung durch einen weiteren *Wahrnehmungs-Kanal* gefestigt werden konnte.

Psychiatrie – Erfahrungen in einem neuen Arbeitsfeld

Eine Teilnehmerin meiner Tanzgruppen war die Leiterin der Bewegungstherapie in der Psychiatrie. Nach wenigen Terminen fragte sie mich, ob ich nicht an einer Stelle im psychiatrischen Krankenhaus interessiert sei. Ein Standbein mit regelmäßigem monatlichem Einkommen neben meinen Kursen zu haben war verlockend, und auch das Arbeitsfeld reizte mich, sodass ich nicht lange zögerte und die Arbeit trotz schlechter Bezahlung mit einer halben Stelle begann.

Die Gebäude des Psychiatrischen Krankenhauses waren über ein großes parkähnliches Gelände verteilt. Zwischen hohen Bäumen waren die Suchttherapie, die Geriatrie, die Psychotherapie und eine Langzeitstation in alten Häusern mit Bruchsteinfundamenten untergebracht. Es gab eine Großküche mit Kantine, einen Festsaal und Werkstätten. Ein Blockheizkraftwerk versorgte sämtliche Gebäude mit Wärme, und es gab eine Kapelle mit guter Akustik, in der ich viele Jahre später mit meiner Band ein Konzert gab. Eine kleine Forensik für psychisch kranke Gewalttäter lag im hinteren Teil des Geländes und war durch eine hohe Mauer gesichert. Für die Akutpsychiatrie gab es ein schmuckloses und recht neues Gebäude mit weißer Fassade, in dem sich auch die Gymnastikhalle befand, in der ich mit Patientengruppen als Bewegungstherapeut arbeitete.

Zu meinem Arbeitsbereich gehörten zwei der geschlossenen Psychiatrieabteilungen, für deren Patienten ich Bewegungsgruppen anzubieten hatte. Mein Anforderungsprofil war sehr vage und ich hatte viele Freiheiten, meine Aktivitäten einzuteilen und meine Interessen unterzubringen. Um mehr über die Patienten zu erfahren und spezieller auf sie eingehen zu können, nahm ich auf den Stationen an den Gruppentherapien teil. Viel profitierte ich von den Übergaben, wenn die Frühschicht mittags die anrückende Spätschicht über aktuelle Vorkommnisse informierte oder wo der Austausch über die Entwicklungen und Perspektiven einzelner Patienten stattfand.

Das Pflegepersonal war am dichtesten mit den Patienten im Kontakt und trug viele Informationen bei. Sie waren diejenigen, die eine äußere Struktur in die ungeordnete Welt der Psychosen und Depressionen brachten.

Zu den Ärzten und Psychologen hatte ich ein gutes Verhältnis und machte mich bei ihnen über Krankheitsverläufe und einzelne Patientengeschichten kundig. Es entstand bald die Idee, dass sie mit ihren Patienten gemeinsam an meinen Bewegungsgruppen teilnehmen könnten.

Dort erlebten die Patienten, dass die Therapeuten manchmal genau so große Mühe hatten, ihre steifen Gelenke zu beugen wie sie selber, was die Rollenschranken senkte und einen unkomplizierteren Umgang miteinander möglich machte. In der Halle begegneten sich Menschen mit unterschiedlichen Stärken, Schwächen und Kompetenzen.

Ich hatte bis dahin keinerlei psychiatrische oder psychotherapeutische Ausbildung genossen und scherte mich wenig um Diagnosen, durch die viele Patienten in Schubladen gesteckt werden mit dem Risiko, ihr Potential zur Gesundung und zur Bewältigung eines normalen Alltags zu übersehen.

Stattdessen suchte ich bei meiner Arbeit in der Gymnastikhalle und in Einzelkontakten danach, wie ich den Patienten auf gleicher und achtungsvoller Ebene be-

gegnen konnte, ohne mich in ihr gespaltenes oder depressives System hineinziehen zu lassen.
In der Halle leitete ich Gymnastik und Bewegungsspiele an, manchmal wurde einfach Ball über die Schnur gespielt.
Ich war jedoch daran interessiert, meine Fähigkeiten aus dem Studium, die Ideen aus den Schwerpunktfächern Tanz und Gymnastik, und besonders die Inhalte des Movement Awareness Trainings einzubringen.
Klar war, dass ich bei den Borderline- und Schizophrenie-Patienten sehr zurückhaltend mit Imaginationen und Fantasiereisen sein musste, denn ich hatte zuvor erlebt, wie ein labiler Teilnehmer sich in seiner Vorstellung zum Werwolf verwandelte, als ich in einem offenen Workshop Bildvorstellungen zum Kiefer und Nacken anleitete. Es war glimpflich ausgegangen, er hatte sich wieder gefangen, aber diese Art von Erfahrung wollte ich nicht noch einmal machen.
Dagegen waren die Dehnungen des Bewegungsrituals gut geeignet, die Menschen von den kranken Systemen in ihrem Kopf weg und in ihr Körpergefühl zu holen. Wenn ich gegen Ende der Übungen eine Musik anmachte, genossen sie es, auf der Matte liegen zu bleiben oder sich noch ein wenig weiter zu bewegen und liegend zu tanzen.

Eine offizielle Lehrmeinung in der Psychiatrie damals war, dass Berührung kontraproduktiv oder gar gefährlich sei. Das wollte ich nicht akzeptieren und leitete hin und wieder Partnerarbeiten an. Dabei achtete ich darauf, dass der Rahmen genau definiert war und auch eingehalten wurde. Jede Berührung und jeder Handgriff mussten genau so ausgeführt werden, wie ich es demonstriert hatte, wodurch ein sicherer Rahmen geschaffen wurde. Die Patienten ließen sich fast immer gerne darauf ein und kamen ausgeglichener auf die Station zurück. Ich erlebte es kein einziges Mal, dass

jemand durch diese Arbeit ausgeklinkt wäre oder gar einen psychotischen Schub bekommen hätte.
Allmählich fühlte ich mich sicherer, machte mich mit den therapeutischen Vorgehensweisen vertraut, konnte in den Teamsitzungen meine Beobachtungen und Ideen unbefangen einbringen und wurde damit respektiert.

Alle vier Wochen gab es eine Teamsupervision mit einer externen Psychoanalytikerin, und ich erinnere mich, wie sie von einer Amerikareise zurückgekommen war und ganz selbstverständlich von ihren Begegnungen und Erlebnissen erzählte. Ich dachte, sie ist doch zum Arbeiten bei uns, da kann sie nicht einfach ihre Urlaubserinnerungen präsentieren.
Aber alle vom Team hörten interessiert zu, und ganz beiläufig glitten wir nach einer Weile hinüber zu den eigentlichen Inhalten der Supervision. Dieses Einbringen von scheinbar nicht zur Sache gehörenden Inhalten stellte sich als gut für die Arbeitsatmosphäre heraus, es war keine verlorene Zeit, wir arbeiteten effektiv und die Zeit verging wie im Flug.
Es gab aber auch Teamsitzungen, bei denen ich anderen aufs Handgelenk schielte, weil ich meine Langeweile nicht durch den Blick auf meine eigene Armbanduhr verraten wollte. An solchen Tagen war ich froh, wenn ich das Gelände verlassen konnte.

Die andere Hälfte meines Lebensunterhaltes verdiente ich weiterhin mit freiberuflich organisierten Kursen. Für mich war der Wechsel von der Psychiatrie in die normale oder zumindest weniger verrückte Normalo-Welt ein Mittel der Psychohygiene und eine Korrektur der Maßstäbe.
Ich erkannte, dass es das *Verrückt Sein* in abgeschwächter Form überall zu entdecken gab, und dass andererseits unsere Patienten bei ihren Stadtgängen in

der Fußgängerzone in der Regel ein völlig unauffälliges *normales* Auftreten hatten.
Die Grenze zwischen Krankheit und Normalität bestand darin, ob ein Mensch oder seine Umgebung unter seinem Zustand leiden musste. Die Patientin, die sich für Maria die Mutter Jesu hielt, hatte selbst keinen direkten Leidensdruck, aber wenn sie sich an meinen Arm klammerte und mich abküssen wollte, bekam ich Probleme und brauchte Kraft, mich abzugrenzen und meine Realität gegen die ihre zu stellen.

Auch verwischte in meiner Wahrnehmung der Unterschied zwischen psychischen und somatischen Erkrankungen immer mehr, natürlich nicht in Bezug auf die Symptome oder ihre Ausprägungen. Aber für beide Arten wurde ein Ausbruch wahrscheinlicher, wenn die Lebensumstände eines Menschen krisenhaft wurden.
Beide Arten brauchten für Linderung oder Genesung die Zuwendung und Pflege eines funktionierenden sozialen Umfeldes.
Die Stigmatisierung der psychischen Erkrankungen hielt ich für unhaltbar und fand, dass jedem diese Erfahrung gut tun würde, die ich hier durch meine Arbeit machte.

Tausend Flyer – ein fragwürdiger Grund Feldenkrais zu lernen

In der Gymnastikhalle der Psychiatrie, meinem Arbeitsplatz, nahm ich an meinem ersten Feldenkrais-Seminar teil, das für Mitarbeiter und Interessierte angeboten wurde. Es hatten sich so viele Teilnehmer angemeldet, dass wir die Türen zum Geräteraum und zum Flur öffneten und sich einige Menschen mit ihren Matten außerhalb der eigentlichen Halle niederlassen mussten.
Ich war, abgesehen von meinen Erfahrungen mit der Ideokinese, nach wie vor eher an robuste Bewegungen gewohnt oder zumindest an ordentliche Dehnübungen. Dort aber lag ich auf meiner Matte, wusste absolut nicht, was dieses kraftlose Zeug sollte, denn schließlich konnte ich mich ja gut bewegen. Keine der Anweisungen des Lehrers stellte für mich ein Problem dar, ich *konnte* alles auf Anhieb, brauchte mich nicht anzustrengen und fragte mich, was ich denn nun lernen sollte.
Meine Gedanken schweiften ab, und ich ertappte mich dabei, wie ich die Teilnahmegebühr mit der Anzahl der Personen im Raum und vor den Türen multiplizierte und innerlich vor Neid ganz unruhig wurde. Inhaltlich überzeugte mich diese Methode nicht im Geringsten.

Gemeinsam mit einem Tai Chi Lehrer hatte ich einen Übungsraum gemietet in der Lahnlust, einem ehemaligen Ausflugslokal der Gießener über den Lahnwiesen. Der frühere Gastraum mit seinem Holzboden war für Bewegungsunterricht gut geeignet. Das war unser Zentrum für Bewegungskunst. Meine Gruppen dort hießen *Pantomime und Tanz* oder *Fun Dance*.
Nach und nach hatte ich die neuen Inhalte aus Sotos Movement Awareness Training in meinen Unterricht eingebaut und war dabei auf gute Resonanz gestoßen.

Nach einigen Jahren mit Soto fand ich nun, dass es an der Zeit war, meinen Kursen einen angemessenen Namen zu geben, von dem man auf ihre Inhalte schließen konnte und machte mich daran, einen Flyer zu entwerfen.
Ich gab mir viel Mühe, treffende Formulierungen zu finden und ließ eine Tausenderauflage auf Hochglanzpapier drucken: *Movement Ritual und Ideokinese* stand vorne drauf.
Ich ging durch Gießens Stadtviertel und verteilte eigenhändig meine Zettel in alle Briefkästen, die so aussahen, als könnten sie potentieller Kundschaft gehören, die neugierig las, was für ein einzigartiges Angebot es neuerdings in Gießen gab und gleich zum Telefon greifen würde, um sich anzumelden.

Tausend Flyer und keine einzige Anmeldung!

An einem der folgenden Wochenenden bot ein Feldenkrais-Lehrer aus München, den ich über Soto kennengelernt hatte, in unserem Zentrum für Bewegungskunst einen Feldenkrais-Workshop an und lud mich freundlich ein, dabei zu sein. Ich nahm die Einladung für einen Vormittag an und fand auf *meinem* Boden kaum ein Plätzchen für meine Matte, so viele Teilnehmer waren gekommen.
Das gab mir zu denken. Schon wieder gab es einen vollen Übungsraum dank Feldenkrais.
Ich dachte mir ganz profan, dass Sotos Arbeit in ihrer Vielfalt und Tiefe zwar nicht zu übertreffen war, aber leider nicht die Menge an Leuten anlockte, um damit vernünftig Geld zu verdienen. Also brauchte ich eine Lizenz zum Geldverdienen durch Feldenkrais, dann wären mein Raum und meine Geldbörse endlich einmal richtig gut gefüllt.

Kurz darauf begannen in Deutschland Ausbildungen von zwei verschiedenen Feldenkrais-Trainerinnen. Ich bewarb mich bei Gaby Yaron in München und bekam gleich eine Zusage. Dann erfuhr ich, dass Chava Shelhav, die das andere Training anbot, früher Tänzerin war. Wenigstens etwas Bezug zu meiner Arbeit, dachte ich und bewarb mich auch dort.

Chava unterrichtete ein Auswahlseminar in Baden-Baden, dort lag ich auf der Matte und dachte immer noch an die Lizenz zum Geldverdienen. Ich folgte den Anweisungen, die sie mit ihrem israelischen Akzent gab und musste manchmal innerlich über ihre Wortschöpfungen lachen, die grammatikalisch auf lustige Weise falsch und gleichzeitig treffend waren und etwas in mir berührten.

Trotz meiner geschlossenen Augen bemerkte ich, wie sie an mir vorbei ging und kurz darauf einen Hinweis an die ganze Gruppe formulierte, bei dem ich mich direkt angesprochen fühlte. Das schaltete irgendetwas in meinem Hirn um, und plötzlich war alles Denken verschwunden.

Soto hätte gesagt, dass mein *little mind* aufgehört hätte zu schwätzen, und der *big mind* nun mit dem Wesentlichen befasst war. Auch, dass sie mich inmitten der vielen Teilnehmer offenbar wahr genommen hatte, bestärkte mich in meiner Entscheidung: ich musste unbedingt in diesem Training angenommen werden.

Nach über zwei Jahren in der Psychiatrie fühlte ich mich eingearbeitet, kompetent und wirkungsvoll, und weil ich all diese Erfahrungen machen durfte, konnte ich bis dahin akzeptieren, dass ich völlig unterbezahlt war. Das begann sich nun zu verändern. Trotzdem wagte ich noch nicht den Schritt aus der Sicherheit eines geregelten Einkommens und bat für das Feldenkrais-Training um eine Beurlaubung.

5 Feldenkrais

Schnee über brauner Erde –
Die Feldenkrais-Ausbildung beginnt

Zwei Monate später packte ich in einem Gastzimmer in Badenweiler im Südschwarzwald meine Zahnbürste aus. Es gibt ja angeblich keine Zufälle, und Badenweiler war der Ort, an dem mein Vater nach der Ausbildung zum Masseur noch während des Krieges seine erste Anstellung bekam. Dort lebte er mit meiner Mutter ebenfalls in einem Gastzimmer, sie hatten kurz zuvor geheiratet.

Für ihn bedeutete es den Start in sein neues Berufsleben, und großzügige Trinkgelder bestätigten ihm seine Qualitäten als frisch gebackener Masseur. Sie lernten alemannische Ausdrücke von den Kollegen: *Hosch's Nüni gno?* Hattest du schon deine Neun-Uhr-Frühstückspause? In Badenweiler fand ein normaler Kurbetrieb abseits der alliierten Luftangriffe statt, in einer anachronistischen Ruhe vor dem Sturm.

Nach zwei Jahren beendeten sie ihren Aufenthalt, um zurück nach Mannheim zu reisen und dort eine Praxis zu eröffnen. Obwohl die Zeit nicht drängte und die Zugverbindung ungünstig erschien, verbrachten sie die Nacht nicht am Bahnhof in Freiburg, sondern nahmen gleich die nächste Reisemöglichkeit wahr. Als sie am folgenden Tag Mannheim erreichten, kam die Meldung, dass der Freiburger Bahnhof in der Nacht bei einem Luftangriff schwer getroffen worden war. Sie waren in einem der letzten Züge gereist, die noch den Bahnhof verlassen hatten.

Jetzt war Badenweiler ein beschaulicher Kurort mit einem relativ modernen Kurhaus, und ich hatte Mühe, mir meine Eltern dort vorzustellen.

In der ersten Nacht hatte ich einen Traum:
Ich startete mit einem Segelflugzeug und saß rittlings auf dem Flugzeugrumpf über der Tragfläche. Als ich noch gar nicht richtig in der Luft war, kamen mir andere Flugzeuge gefährlich nahe, weil ich ihre Anflugschneise kreuzte. Nach einiger Zeit konnte ich wahrnehmen, wenn ich in einen Aufwind geriet und fand heraus, wie ich mich darin verhalten musste. Die Phasen des Aufsteigens beanspruchten mindestens genau so viel Aufmerksamkeit wie die viel längeren Gleitphasen, die mir kürzer vorkamen als sie waren. Schließlich kam ich zu einer Art Windmühle, wo ein kleiner Junge saß. Ich flog ganz dicht zu ihm hin, landete fast, und, um weiterfliegen zu können, musste ich unter einer engen Unterführung hindurch schweben. Auf der anderen Seite schien die Sonne und es herrschte starker Aufwind, in dem ich kreiste und rasch an Höhe gewann, um dann weiter zu fliegen.
Wenn das keine gute Verheißung war!

Unsere Ausbildung begann in einer Turnhalle mit über sechzig Studenten. Alle bis auf ganz wenige Ausnahmen waren erfahrene Berufstätige; Krankengymnasten, Musiker, Lehrer, Ärzte.
Die ersten Lektionen waren an typischen Säuglingsbewegungen orientiert, Hand zum Mund, Saugen, Schauen, den Kopf heben oder vom Rücken auf den Bauch rollen.

Beim Saugen in der Seitenlage überkam mich plötzlich ein Gefühl von Vergeblichkeit – es kam nichts mehr. Ich wurde sehr traurig und musste weinen, konnte mit der Lektion nicht mehr weiter machen. Es brachte ja nichts. Das Saugen brachte nichts. Später fand ich heraus, dass ich als Säugling nur ganz kurz gestillt worden war, weil meine Mutter eine Brustentzündung bekommen hatte.

Diese Bewegungen gingen sehr viel tiefer in mein Seelenleben hinein, als ich es mir vorgestellt hatte.

Chava sprach mich später auf meinen Zustand an, ob mit mir alles klar sei. Sie hatte mich von Baden-Baden wiedererkannt und ging sehr viel offener auf mich zu, als es umgekehrt für mich möglich war, denn ich hatte noch immer Vorbehalte und eine heimliche Scham wegen meiner profanen Motivation zu diesem Training.

Gleich am zweiten Tag hatte die Gruppe organisatorische Fragen zu klären gehabt, und es gab viel Unmut gegen die Organisatoren und die Trainerin wegen finanzieller Unklarheiten. Die Gruppe hatte sich beklagt, dass der erste und der letzte Tag nur halbe Unterrichtstage wären, obwohl sie als ganze Tage bezahlt wurden. Manche fanden, dass die Mittagspause zu lang war und wir deshalb weniger Unterricht bekämen, als uns zustünde. Außerdem war völlig unsicher, was die Urkunde am Ende des Trainings für einen Wert haben würde, da vielen nun erst klar wurde, dass es den Beruf des Feldenkrais-Lehrers offiziell überhaupt nicht gab.
Da hatte es mich wieder eingeholt, das Thema Geld. Die Trainerin verdiente, so schien es mir, auf meine Kosten mehr Geld, indem sie mir eine schon bezahlte Unterrichtsleistung vorenthielt.
Ich störte mich außerdem daran, dass die Feldenkrais-Foundation den Begriff *Bewusstheit durch Bewegung* als Warenzeichen hatte eintragen lassen. Keine zehn Jahre zuvor hatte ich meine Examensarbeit über *Bewusstheit als Gegenstand der Sporterziehung*, also nichts anderes als Bewusstheit durch Bewegung, geschrieben! Es kam mir vor, als würde sich jemand etwas so Selbstverständliches wie den Begriff *Satt durch Essen* exklusiv schützen lassen. Würde ich womöglich später noch weiter zur Kasse gebeten, um diesen für mein Ver-

ständnis zu Unrecht geschützten Begriff überhaupt nutzen zu dürfen?
Ich war schlechter Laune, unzufrieden und verwirrt, hatte Widerstände, mich auf die Arbeit einzulassen und tat es dennoch.
Langsam begann ich zu fühlen und zu verstehen, wie diese Bewegungen funktionierten, sich auf meine Körperhaltung auswirkten und mich innerlich in Bewegung brachten. Ich hatte jede Nacht intensive Träume, und mir war, als wäre mein Nervensystem regelrecht aufgemischt. Zudem konnte ich spüren, wie Chava mit großer Aufmerksamkeit unseren Lernprozess gestaltete. Meine Motivation veränderte sich, ich wurde immer begieriger, tiefer in dieses Lernfeld einzudringen.

Wieder hatte ich einen Traum:
Ich wandere auf einen Hügel und an Plätze, auf denen noch Schnee und Eis liegt. Dort sehe ich meine Spuren, denn ich war zuvor schon einmal dort gewesen. Seither ist ganz viel von dem Eis weggeschmolzen, und die Erde darunter ist braun.

Das Eis schmilzt und braune Erde ist darunter!
Sollten aus meinem Unbewussten Gefühle von Antisemitismus hervor kommen? Nun, da ich die Methode eines nicht-religiösen Juden studierte und meine israelische Trainerin von Tag zu Tag mehr zu schätzen lernte, konnte ich offenbar erkennen und zulassen, dass ich Teil dieses Volkes war, das den Holocaust verbrochen hatte; es überfiel mich, dass ich nicht von diesen Vorurteilen frei war, obwohl ich von keinem aktiven Nazi in meiner gesamten Familie wusste.
Ich war beschämt, mit den Erfahrungen dieser Methode beschenkt zu werden und mich gleichzeitig über die Kosten zu beschweren. Ich musste mich selbst mit dieser braunen Erde konfrontieren, damit das kollektive Erbe in mir eine Chance auf Bearbeitung bekam.

Nach dem Ende des ersten Ausbildungsabschnitts fiel ich in eine große Verunsicherung. In meinen Ohren war noch immer der Klang von Chavas Stimme, wenn sie unterrichtete. Mein Nervensystem war in einem großen Durcheinander und suchte nach neuer Ordnung. Ich wusste nicht, ob ich mich verkriechen sollte oder wie ich in meinen Alltag zurückkehren konnte.

Es gab keine Worte, mit denen ich meinen Freunden und Bekannten hätte erklären können, was in mir vorging. Ich fühlte mich so anders, dass ich nicht wusste, welche Kleider ich anziehen sollte, während mich meine Umgebung einfach weiterhin so wahrnahm wie vor dem Training.

Wenn ich für mich war, stiegen mir schon bei den geringsten Anlässen die Tränen in die Augen, so aufgeweicht war ich. Meine berufliche Zukunft war ungewiss, die sichere Stelle in der Psychiatrie war mir zwar weiterhin reserviert, innerlich hatte ich sie aber bereits endgültig aufgegeben.

Nach diesen kurzen neun Trainingstagen fühlte ich mich unsicher wie im ersten Jahr nach der großen Reise. Mit meinen Gedanken sprang ich in die ungewisse Zukunft und fand Trost in der unmittelbaren Gegenwart meines Atems und der veränderten Wahrnehmung meines Körpers und meiner Bewegungen.

Die zwei Monate bis zum nächsten Trainingsabschnitt kamen mir fast zu kurz vor, um meine Erfahrungen einigermaßen zu integrieren und bereit zu werden für die nächste Ladung.

Bewusstheit durch Bewegung – Semipermeable Membran des Geistes

In diesem ersten Ausbildungsjahr gab es keine Erklärungen, warum oder wie Feldenkrais wirkte und keine Didaktik, die uns auf die eigene Arbeit mit der Methode vorbereitete. Es war ein reiner und umso tieferer Selbsterfahrungsprozess.

Meine Neugier war geweckt, ich beschäftigte mich mit Anatomie und lernte so gut ich konnte den Aufbau des Gehirns und des Nervensystems. Ich las über Zellen und die Entstehung des Lebens; ich las über Ericksons *Hypnotherapie* und über Charlotte Selvers *Sensory Awareness*. Kein Lehrplan schrieb mir das vor, es war echte intrinsische Motivation.

Besonders über Evolution machte ich mir Gedanken. In einer der Lektionen wurden wir mit einer Bewegungsanweisung konfrontiert, die so widersprüchlich war, dass ich ärgerlich wurde. Wie sollte das gehen, wenn ich mit angewinkelten Beinen und ausgestreckten Armen auf der Seite lag und auf den Rücken rollen sollte, ohne mich dabei zu verwringen. Aber im Verlauf der Lektion zeigte sich ein Weg und ich fand heraus wie es doch ging.

Es war wohl wieder kein Zufall, dass ich am Abend in einem Buch von Hoimar v.Ditfurth las, dass sich die wesentlichen Entwicklungsschritte der Evolution in der Bewältigung paradoxer Aufgabenstellungen herausgebildet haben: Die Urzelle konnte nur bestehen, wenn sie sich von der ungeordneten Außenwelt abgrenzte. Andererseits muss ein abgeschlossenes System sterben, weil sich die Energiedifferenzen in seinem Inneren ausgleichen und es damit zum Stillstand kommt. Zur Aufrechterhaltung des lebensnotwendigen Energiegefälles ist also eine Verbindung zur Außenwelt notwendig.

Die evolutionäre Lösung dieser widersprüchlichen Anforderungen bestand in der Ausbildung einer semipermeablen, also halbdurchlässigen Membran. Sie grenzt ab und lässt zugleich einen definierten Austausch mit der Umwelt zu.
So verliefen die Feldenkrais-Lektionen zwar auf der Ebene der reinen Bewegungsanweisungen, gleichzeitig stießen sie auf einer nichtsprachlichen Ebene genau solche Überlegungen an.
Mein kurzes Bein brachte so eine Paradoxie hervor: Trug ich in meinen Schuhen einen Längenausgleich, so merkte ich die Differenz nicht mehr, hatte also ein verfälschtes Selbstbild. Bewegte ich mich ohne diesen Ausgleich, kam die Skoliose in meinem Rücken wieder zurück, und es tat weh. Der Ausweg aus dieser Paradoxie bestand darin, dass ich lernte, mit beiderlei umzugehen.
Ich kam weg von dem statischen Denken, dass eine symmetrische Haltung entscheidend für das körperliche Wohlbefinden sei und wurde in meinen Bewegungen flexibler. Wenn wir uns nach den Lektionen im Umhergehen spüren und beobachten sollten, blieb ich nun manchmal einfach barfuß, und die größere Bewegungskompetenz erlaubte mir, mit der Skoliose besser umzugehen und mit der Beinlängendifferenz auch über einen größeren Zeitraum beschwerdefrei zu bleiben.

Eine andere Dimension von Paradoxie waren die persönlichen Kontakte. Mehr als drei Viertel der Gruppe waren Frauen. Zu Hause lebte ich in einer festen Beziehung, die ich schätzte und erhalten wollte, und in der Gruppe gab es jede Menge Frauen, die mich auf intellektueller, erotischer oder der Herzensebene ansprachen. Und so hatte ich mit einigen von ihnen tiefgehende Gespräche oder ging mit anderen in einem gegenseitigen Gefühl von Geistesverwandtschaft spazieren, und bei unseren abendlichen Tanz- und Kontaktimprovisations-Sessions konnte es ganz schön knistern. Gleichzeitig wusste ich um meine Grenzen und wollte mich nicht in ein Beziehungschaos stürzen, indem ich mich auf andere Frauen zu weit einließ. Das Durcheinander in meinem Körpergefühl und in meinem Denken, das durch dieses Training verursacht wurde, reichte mir vollkommen aus.

Präzise und absichtsvoll – Die martialischen Wurzeln der Feldenkrais-Methode

In allen Kampfkünsten spielen Katas, also eine festgelegte Abfolge von Angriffs-, Verteidigungs- oder Ausweichbewegungen eine wichtige Rolle. Lernende wiederholen diese Formen, bis sie sie vollständig durchdrungen haben. Eine erste Annäherung an die erstrebten Bewegungen gelingt im Normalfall recht schnell, es entsteht ein grobes Raster, mit dem man sich die Strukturen merken kann. In der Ausführung hat man aber noch jede Menge Ungenauigkeiten, und keine Wiederholung gleicht der anderen.

Im ungeübten Anfangszustand werden viele Muskeln unnötig angestrengt – Feldenkrais nannte das *parasitäre* Bewegungen. Im Kampfkunsttraining werden diese nutzlosen Mitbewegungen durch unendlich viele Wiederholungen ausgemerzt, bis die Abläufe wie im Schlaf gelingen. Feldenkrais sagte, dass in der Situation, angegriffen zu werden, keine Zeit für Überlegungen bleibt, wie man reagieren sollte. Alle Handgriffe müssen so vollständig verinnerlicht sein, dass sie völlig automatisch ablaufen.

Neue Bewegungen sind immer langsam, solange, bis die Abläufe im Nervensystem gebahnt sind. Mit zunehmender Kompetenz wird die Geschwindigkeit der Ausführung gesteigert. Wenn man geübte Capoeira- oder Escrima-Kämpfer beobachtet, so sind die Bewegungen manchmal so schnell, dass es dem Auge schwer fällt zu folgen. Das Timing ist so genau, dass es zu keinen unbeabsichtigten Treffern kommt.

Auch extrem verlangsamte Bewegungsformen wie beispielsweise im Tai Chi können ein wichtiger Teil eines Kampfkunsttrainings sein, da die Langsamkeit zur effektiveren Bahnung der Abläufe beiträgt.

Langsamkeit und Wiederholung, gepaart mit genauer Selbstbeobachtung sind wesentliche Elemente der Feldenkrais-Methode.

Aus philosophischer Sicht besteht das Wesen der Kampf KUNST in der Transformation von Kampftechniken hinein in eine neue Form von Kommunikation. Es wird eine Bewegungssprache gelernt, die bei den Übenden die Fähigkeit heranbildet, sich in den Bewegungsablauf des Partners einzufühlen, in angemessener Weise zu reagieren und seine nächsten Aktionen schon vorauszuahnen.
Nicht das Siegen steht im Vordergrund, sondern die klare Umsetzung einer Absicht und die Fähigkeit des Partners zu einer Reaktion, die einerseits reflexartig erfolgt, andererseits nach wie vor in seiner bewussten Entscheidung liegt.

Als Moshé Feldenkrais im damaligen britischen Mandatsgebiet Palästina mit der Kampfkunst in Berührung kam, ging es darum, sich in tätlichen Auseinandersetzungen zwischen Juden und Palästinensern seiner Haut wehren zu können.
Er lernte in dieser Zeit Jiu Jitsu, machte aber die Erfahrung, dass ihm dieses System für den konkreten Kampf wenig half. Deshalb entwickelte er selbst Kampftechniken, die er in einem Buch herausbrachte: *Ju Jitsu and Self Defense*, das 1931 als erstes Hebräisch-sprachiges Buch über Selbstverteidigung veröffentlicht wurde.
Feldenkrais ging anschließend zum Studium der Ingenieurwissenschaften nach Paris, wo es zu einer Begegnung mit Jigaro Kano kam, dem Begründer und bedeutendsten Vertreter des Judo zu dieser Zeit. Es lohnt sich, die Geschichte zu lesen, wie dieser Kontakt dazu führte, dass Feldenkrais im Judo ausgebildet wurde und der erste Europäer wurde, der einen schwarzen Gürtel tragen durfte. Feldenkrais gibt sie in einem In-

terview zum Besten, das in der Textsammlung *Feldenkrais im Überblick* veröffentlicht wurde.
Es folgte die Flucht vor den Nazis nach England. Während seiner Zeit dort als Mitglied der englischen Armee schrieb Moshé Feldenkrais 1942 schließlich das Buch *Practical unarmed combat*. Es war als Trainingsanleitung für Soldaten gedacht und basierte auf einer fundamentalen Technik des Judo. *Hadaka Jime* bedeutet *Würgetechnik mit dem bloßen Arm*.
In einer neuen Ausgabe ergänzte der Herausgeber Moti Nativ das Original durch Anmerkungen und bisher unveröffentlichte Fotos, welche die Entstehung des Buches in ihrem historischen Zusammenhang verstehbar machten.
Die Titelseite der Neuausgabe sah martialisch aus: Moshé Feldenkrais im Kampfanzug der britischen Armee hält einen Gegner im Würgegriff, der zwar mit einem Bajonett bewaffnet ist, aber wohl gleich nicht mehr viel zu melden hat.
Beim Lesen der Übungsanleitungen überkommt einen dann ein mulmiges Gefühl, denn schnell wird klar, dass dieses Buch, anders als die meiste aktuelle Kampfkunst-Literatur, für den Ernstfall geschrieben wurde: *„... eines Tages kann dein Leben davon abhängen, wie gut du trainiert bist"*. Für das Üben mit einem Partner gab Feldenkrais den Hinweis: *„... achte darauf, nicht zu draufgängerisch und grob zu sein und setze nur einen kleinen Teil deiner Kraft ein. Denn das Versetzen der Wirbel und des Kopfes wäre fatal, und selbst eine kleine Verstauchung könnte eine nicht reversible Lähmung der Glieder und des Rumpfes zur Folge haben."*
Im Klartext: Für den Ernstfall, unter Einsatz von mehr Kraft und Entschlossenheit, ist diese Übungsfolge eine Anleitung zum Töten.

Für meine Generation, die über Jahrzehnte in einer friedlichen Region und Zeit leben durfte, ist dies zunächst erschreckend, weil es vor Augen führt, dass der junge Feldenkrais durchaus andere Erfahrungen gemacht hat. Auf den zweiten Blick kann man erkennen, dass ihm auf hervorragende Weise die Transformation von Kampf in eine mitfühlende und menschenfreundliche Methode gelungen ist.

Die Feldenkrais-Methode wird von Laien oft als sanft und weich beschrieben. Niemand sollte sich aber darüber täuschen lassen, dass es sich um eine präzise, absichtsvolle und keinesfalls beliebige Vorgehensweise handelt, die Feldenkrais bereits in der Thematik des Kampfes entwickelte. Ihre Stärke und Wirksamkeit liegt in diesen Eigenschaften – Absicht, Klarheit und Präzision – verbunden mit einer genauen und gefühlten Kenntnis der menschlichen Bewegung, sowohl in der körperlichen wie auch der geistigen Dimension.

Einige Lektionen, die von Feldenkrais überliefert sind, leiten sich direkt aus diesen Wurzeln her. Die Judo-Rolle ist ein Beispiel dafür. Sie lässt sich in so viele Teilaspekte zerlegen, dass man damit mehrere Tage zubringen kann. Feldenkrais erkundete immer neue veränderte Perspektiven und Variationen, sodass er eine Unzahl von Lektionen erfand.

Im Laufe der Zeit nutzte er viele weitere Ansätze für die Entwicklung seiner Ideen. Dazu gehörten seine Beobachtungen von Säuglingsbewegungen oder Bewegungsfunktionen, die er aus der Arbeit mit Musikern oder Tänzern herleitete.

Weit über sechshundert Original-Lektionen sind erhalten, auf die sich heutige Feldenkrais-Lehrer stützen können.

Für mein Gefühl sind diese Lektionen aber kein festgelegtes Gerüst oder der Aufbau eines Curriculums, auch spielt die Reihenfolge der Lektionen nur in einigen Serien eine Rolle.

Vermutlich flogen Feldenkrais mit jedem Unterrichten neue Ideen zu, die er genial verfeinerte, bis die Lektion stimmig war, und dann wuchs eine Fortsetzung oder das nächste Thema heran.

Er schien einen unerschöpflichen Vorrat zu haben; nicht im Sinne eines Vorratslagers, sondern als Gabe, aus den gegebenen Bewegungsmöglichkeiten des menschlichen Skeletts immer neue Kombinationen zu erschaffen, mit denen er seinen Studenten ein weiteres Feld für die Selbstbeobachtung anbieten konnte.

Denken ohne Worte

Irgendwann im Laufe der Lektionen machte ich die überraschende Entdeckung, dass ich meine Bewegungen *dachte*. Entweder als Plan, bevor ich sie ausführte oder in ihrem Verlauf. Die Langsamkeit bewirkte, dass ich die Gleichzeitigkeit, mit der sich die Winkel meiner Gelenke veränderten, bewusst miterleben konnte.
Das simple Ausstrecken eines Armes bedeutete eine Veränderung in der Schulter, im Ellenbogen, im Schulterblatt. Den Arm auszustrecken bedeutete außerdem, Gewicht weiter vom Körperzentrum zu entfernen und damit eine veränderte Hebelwirkung auf die Körperachse zu bringen. Bei genauerem Hinspüren wurde mir die Reaktion in den Rippen und in der Wirbelsäule deutlich, wo mein Körper auf diese Veränderung der Statik reagierte.
Einfacher ausgedrückt, konnte ich räumliche Veränderungen meiner Körperteile, die in unterschiedlicher Geschwindigkeit abliefen, und das gleichzeitige Beugen oder Strecken mehrerer Gelenke sowohl im Detail und auch als Ganzes *in ihrem Verlauf* wahrnehmen.

Übertragen könnte man formulieren, dass mich die Bewegungslektionen in die Lage versetzten, einen komplexen vernetzten Vorgang bewusst in Echtzeit zu verfolgen. Und nicht nur das: während der Ausführung einer solchen Bewegung konnte ich ihre Form, ihre Geschwindigkeit und Reichweite bewusst beeinflussen und verändern.

Bis dahin war für mich selbstverständlich, dass Denken stets an Worte gebunden sei.
Nun erlebte ich, dass die Wahrnehmung so vieler unterschiedlicher Faktoren zu komplex war, um sie in Worte zu fassen. Selbst eine so simple Bewegung wie das Ausstrecken des Armes würde mehrere Seiten Text

erfordern, und der würde nicht die Gleichzeitigkeit des Vorganges abbilden können. Trotzdem war es bewusstes Denken!

Später fand ich ein Zitat von Feldenkrais, sein Unterricht bestünde darin, seine Schüler in Situationen zu bringen, in denen sie zu denken lernten: *Sie sollen ohne Worte denken, in Bildern, Mustern und Verknüpfungen. Diese Art zu denken führt zu einer neuen Weise zu handeln ... wenn man für einen Moment auf solche Weise denkt, bei der also die Verbindung mit Wörtern aufgehoben ist, dann geht das nur in Mustern, in miteinander verbundenen Disziplinen ...*
Es entsteht ein systemisches Denken, das es erleichtert, komplexe Vorgänge und Prozesse zu verfolgen, sie nicht statisch zu beschreiben, sondern sie in ihrem Verlauf und ihrer Dynamik zu verstehen.

Ein Beispiel: Ein Fahrer auf der Autobahn mit der Absicht zu überholen nimmt Fahrzeuge vor sich und im Rückspiegel wahr, die mit unterschiedlichen Geschwindigkeiten unterwegs sind, er schätzt die Größe der Lücken ab und passt seine Beschleunigung an die beste Möglichkeit innerhalb dieser Faktoren an. Vernetztes Denken findet also bereits statt, weil unser Gehirn dafür geschaffen ist, Aufgaben zu bewältigen und in wiederkehrenden Situationen zu optimieren. Dabei müssen wir keine besondere Aufmerksamkeit auf das Grundprinzip dieses nonverbalen Denkens verwenden.

Der Ansatz, diese Art des Denkens über Bewegungslektionen zu entwickeln, wendet sich jedoch an ganz grundlegende Denkfunktionen des Gehirns. Er ist ganz nahe an der *Hardware* und strukturiert und verbessert sozusagen das *Betriebssystem*, die Grundlage für alle unsere Handlungen, ohne sich bereits auf ein bestimmtes Lern- oder Tätigkeitsfeld zu spezialisieren, auf bestimmte *Anwendungen*, um in der Sprache der Computer zu bleiben.

Wenn wir diese Art des Lernens wählen, sollten daraus Verbesserungen in allen unseren Handlungsfeldern resultieren, egal ob wir Sportler, Wissenschaftler, Musiker oder Politiker sind.

Zwischenlandung – meine inneren Prozesse

Ich war wieder zu Hause nach dem zweiten Ausbildungsabschnitt, las weiter in meinen Sachbüchern und schwankte zwischen Wohlfühlen und Verunsicherung. Meine hochfliegenden Überlegungen zur Evolution kamen wieder herunter auf den Boden der Realität.
Weder diese Gedanken noch meine Gefühle konnte ich angemessen vermitteln. Was mir in den vergangenen Tagen so kristallklar erschienen war, verschwand wieder in den Niederungen der Alltagsbanalität.
Verständlich herüberbringen konnte ich, dass es für einen Schreibtischmenschen gut ist, wenn er rechtzeitig merkt, dass er seine Sitzposition ändern sollte oder dass ein Trompeter bessere Töne erzeugt, wenn seine Atmung differenzierter wird und er sein volles Atemvolumen ökonomisch einsetzen kann.
Aber wie sollte es mir möglich sein zu erklären, dass durch Bewegung neue Denkfähigkeiten entstehen. Oder wer interessierte sich schon dafür, welche Zusammenhänge es zwischen der Form einer Wirbelsäule und der Evolution des aufrechten Ganges geben sollte.

Und dann geriet meine Beziehung in die Krise. Ich sei nicht wirklich anwesend, würde mich entziehen und meine Gefühle nicht zeigen, lauteten die Vorwürfe meiner Partnerin. In meiner Wirklichkeit ging es darum, dass wir beide die Veränderungen, die in mir vorgegangen waren, erkennen und akzeptieren und die damit verbundenen Verschiebungen und Neuordnungen in unserer Beziehung verkraften mussten.
Für mich gab es nichts drastisch oder konkret Neues, was unserer Beziehung hätte gefährlich werden können. Das Maß unserer Zärtlichkeit empfand ich nicht anders, meine Freundin war mir nicht fremder als zuvor.

In der Schilderung meiner Erfahrungen empfand ich mich offen, aber es gab auch Gefühle in mir, die ich selbst nicht einordnen oder erklären konnte. Ich war für unsere Beziehung unberechenbar geworden und weigerte mich, verbindliche Erklärungen über meine eigene und Sicherheitszusagen für unsere gemeinsame Zukunft abzugeben.
Jeden Augenblick wollte ich bewusst wahrhaben und so leben, dass ich mich leichter fühlte, dass es mir gut ging. Besser ging, denn es fiel mir schwer, das anfängliche Hochgefühl der neuen Erfahrungen zu bewahren.

Der zunehmende Beziehungsstress zog mich hinunter, aber vielleicht benutzte ich ihn auch, um eine Erklärung für meinen Absturz aus den Sphären der höheren Erkenntnis zu finden.

Wir gingen auf eine Fete, und während ich mich mit Leuten unterhielt und meine philosophischen Erkenntnisse ausbreitete, flirtete sie direkt nebenan mit einem anderen Typen. Ich merkte es nicht.
An anderen Stellen versetzten mich Kleinigkeiten in ihrem Verhalten in höchste Alarmbereitschaft, ich fürchtete, dass es ihr schlecht gehen würde und reagierte darauf mit Zuwendungen, die in ihrem stacheligen Abwehrpanzer stecken blieben.
Ich machte es zu meinem Standpunkt, darauf zu vertrauen, dass zu meinem Bewusstsein vordringen würde, was wirklich wichtig war. Ich wollte akzeptieren, dass sich meine Wahrnehmungsschwellen erhöhten und nur an mich heranließen, wofür meine Kraftreserven ausreichten. Ich wollte nicht mehr jede Auseinandersetzung sofort durchkämpfen und sie stattdessen lieber auf Zeiten verschieben, wo ich mehr Einsicht und Handlungsvermögen haben würde.

Jahre zuvor hatte ich mir ein Geburtshoroskop erstellen lassen, von einem Gestalttherapeuten, der die Planetenkonstellationen meiner Geburtsstunde mit einem neuen Computerprogramm ausrechnete und seine Kommentare und Deutungen für mich auf Tonband aufnahm.

Nun hatte ich einen Traum von einem gewaltigen Gebäude mit mächtigen gotischen Sandsteinpfeilern. Das Dach war unglaublich weit entfernt über mir, und die Pfeiler waren statt durch Mauern durch riesige Fenster miteinander verbunden. Obwohl das Gebäude geschlossen war, vermittelte es eine Weite und Unbegrenztheit wie die oberste Etage des Borobodur-Tempels auf Java. Wie von dort aus, sah ich von meinem Gebäude einen Vulkan und noch einen zweiten, kleineren, die beide ausgebrochen waren. Die Bäume an den Außenhängen der Vulkane standen in Flammen, und eine Woge aus Lava und Schmelzschlamm kam durch das Tal herunter. Ich hatte keine Angst, dass sie dem Gebäude etwas anhaben könnten, in dem ich mit meiner Freundin an einer der Säulen kauerte. Im nächsten Moment gab es eine schwere Erschütterung, einen Erdstoß, und aus dem Dach löste sich ein wuchtiger Stein, der in einer Kurve herunterfiel und dicht neben uns aufschlug, ohne uns jedoch etwas anzuhaben.

In der nächsten Nacht träumte ich von einer Rakete, groß wie der Eiffelturm, und seine gewaltigen Fundamente waren die Triebwerke. Sie waren gezündet, und es dauerte eine ganze Minute bis sie das Gewicht und die Trägheit der Masse überwunden hatten, der Turm abhob und seine Bewegung sichtbar wurde. Wieder war es keine gerade Linie, sondern die Flugbahn der Rakete beschrieb einen Bogen.

Am nächsten Tag hatte ich den Impuls, die Tonbandaufnahmen mit den Erläuterungen des Horoskops hervorzuholen und hörte die Therapeutenstimme sagen, dass mein Feuerelement sehr gering ausgeprägt sei und dass es eine meiner Lebensaufgaben sei, diese Feuerenergie zu entwickeln. Nun schien es angefacht, und gewaltige Dinge kamen in Bewegung, zuerst langsam und kaum sichtbar, dann aber mit so viel Energie dass ich Angst bekam, sie nicht mehr beherrschen zu können.

Ich besuchte meine Eltern in meiner Heimatstadt und war mit ihnen gemeinsam bei Bekannten zum Abendessen eingeladen. Die Gastgeberin sagte mir, ich hätte mich stark verändert, sei viel männlicher geworden.
Immer schon war ich von Frauen umgeben, im Studium, in Kursen als Lehrgangsteilnehmer und als Lehrer in meinen Gruppen. Immer fühlte ich mich eher als der kleine Junge. Nun bekam ich eine Ahnung, dass Frauen mich nicht einfach nur nett fanden, sondern auch als Mann wahrnahmen. Ich war nicht mehr der ahnungslose Vierzehnjährige, der sich mit seinen Freunden zum Abenteuerspielen verabredete und nichts davon mitkriegte, wie die Mädchen in seiner Klasse schon volle Kanne am Pubertieren waren. Der seinen Bartflaum wachsen spürte, aber keine wirkliche Ahnung hatte, was das mit seiner Geschlechterrolle zu tun hatte.
Nun war ich dabei, neue Potenzen in mir zu spüren und verunsichert, wie sie zu nutzen waren. Ich wollte nicht mehr der sanfte Jüngling sein, den die Frauen in ihr Vertrauen zogen, weil er so nett und zahm war und seine Männlichkeit nicht nach außen kehrte. Oder vielmehr nicht wirklich damit in Kontakt war.

Als ich von meinem Elternbesuch zurück kam, hatte sich meine Freundin damit befasst, was es für sie bedeuten würde, alleine zu leben. Dabei hatte sie gespürt, dass der einzige Weg, unsere Beziehung zu erhalten, darin bestünde, mich ganz loszulassen.
Sie meinte es ernst.

Ich musste tief durchatmen, und in den folgenden Tagen entwirrte sich langsam der Beziehungswirrwarr in meinem Kopf. Ich spürte, dass es ganz in meiner Verantwortung lag, diese Beziehung zu wollen. Nun gab es keine eifersüchtige und angstvoll klammernde Frau mehr, keine Mama, die auf den Jungen aufpasste, dass er wieder heimfand. Ich musste auf eigenen Beinen stehen und konnte meine Verunsicherung auf niemand anderes abschieben.
Ich verbannte das Gedankenkarussell aus meinem *kleinen Verstand* und vertraute darauf, dass der *big mind* meine nächsten Schritte schon in der richtigen Weise vorbereiten und sie zu gegebener Zeit an mein Frontalhirn weiterreichen würde.

Zwei Wochen später waren wir mit dem Auto unterwegs, im Westen leuchtete ein schöner Abendhimmel und wir hielten an einem Parkplatz, um zu schauen und uns die Beine zu vertreten. Da fragte ich sie, ob sie mich heiraten wolle. Sechs Monate später fand unsere Hochzeit statt, ein schönes dreitägiges Fest. Ein knappes Jahr nach der Hochzeit wurde unser Sohn geboren.
In die Eizelle hatte ein einzelnes Spermium hinein gefunden: monopermeable Membran!
Wir waren Mitte dreißig und ich fühlte mich, als ginge meine Pubertät erst jetzt zu Ende. Im alten Rom reichte das Jünglingsalter bis zum vierzigsten Lebensjahr, erst dann wurden Männer zum *Vir*, zum gestandenen Mann, der in der Öffentlichkeit wirksam ist. Zu heiraten war für mich ein öffentliches Bekenntnis, ein Wechsel in eine andere Form öffentlicher Präsenz und Verantwortung.

In unserer Trainingsgruppe war ich nicht der einzige, mit dem solche starken Veränderungen vor sich gingen. Beziehungen gingen in die Brüche, andere verliebten sich, wenige hielten das Training nicht aus und brachen es ab, mehrere Kinder wurden in diesen vier Jahren geboren, berufliche Perspektiven veränderten sich.

Als ich zum nächsten Ausbildungsabschnitt anreiste, war ich verheiratet, und im folgenden Jahr brachte ich meinen wenige Monate alten Sohn stolz mit ins Training, wo er auf der Matte seine Babybewegungen vorführte, die wir alle irgendwann einmal selbst gemacht hatten und nun im Unterricht auf einer neuen Ebene wiedererlernten.

Bewusstheit durch Bewegung – Feldenkrais in der Gruppe

In vielen Lektionen des Gruppenunterrichts *Bewusstheit durch Bewegung* gibt es eine Ausgangsposition, von der durch häufige Wiederholungen ein Weg allmählich erschlossen und gebahnt wird.
Nimm dir einen Moment Zeit dir vorzustellen, wie es sich anfühlt, mit angehockten Beinen auf der rechten Seite zu liegen.

Lass es sein und stell dir nun vor, im Kreuzsitz auf dem Boden zu sitzen, das bedeutet, den rechten Fuß wie im Schneidersitz nah zum Becken heranzuholen, den linken Fuß zur Seite nach hinten zum Po zu legen.

Beide Positionen klar?

Nun könnte man sich eine Lektion vorstellen, die von diesem Liegen auf der rechten Seite über eine *bogenförmige* Bewegung zum Sitzen im Kreuzsitz führt. Ein erster Teil der Lektion besteht mit vielen Variationen aus genau diesem Weg, ohne dass die Lernenden das Ziel kennen.
Anzukommen ist nicht wichtig. Man bewegt sich immer nur so weit, wie es mühelos, angenehm und interessant bleibt und kehrt zur Ausgangsposition zurück.
Ein späterer Teil der Lektion beginnt im Kreuzsitz und entwickelt, wieder mit vielen Variationen, den Weg über eine bogenförmige Bewegung zum Liegen auf der Seite.
Ohne dass es die Schüler zunächst bemerken, beschäftigen sie sich in diesem zweiten Teil mit dem gleichen Weg wie zu Beginn und erkennen erst nach einer Weile, dass der Ausgangspunkt des einen Übungsteils zugleich der Endpunkt des anderen ist.

Die schwierige Stelle, die diesen Bewegungsablauf zunächst holprig macht, *das Problem*, liegt irgendwo zwischen diesen beiden Positionen, und hat damit zu tun, wie der Körperschwerpunkt über die Sitzfläche kommt. An dieser Problemstelle wird zunächst statt einer guten Bewegungsorganisation meistens eine unökonomische Kraftanstrengung benutzt.
Mit der Zeit erschließen sich die Übenden die anfangs unkoordinierte, holprige Stelle von beiden Seiten her, vom Liegen zum Sitzen und vom Sitzen zum Liegen. Während des gesamten Prozesses rufen sie keine fertigen Bewegungsmuster ab, sondern kartieren den gesamten Weg neu, verbessern ihn und werden in der Bewegung zunehmend kompetenter und geschmeidiger.
Dieser Vorgang ist eine komplexe Leistung des Gehirns zusammen mit dem Körper, bei der alle Aufmerksamkeit fokussiert ist.
Sowohl die Körperlandkarte als auch das Selbstbild mit allen Aspekten von Selbstwert, Problemlösungsstrategien, Ehrgeiz und parasitären Verhaltensweisen sind beteiligt:
Die Lektion vervollständigt das Körperbild, lässt den Übenden klarer spüren, wo seine Körperteile verortet sind, in welchen Proportionen sie zueinander stehen und auf welche Weise sie zusammen funktionieren.

Sie hat ebenso Einfluss auf das Selbstbild, denn die *körperliche* Selbstwahrnehmung geschieht gemeinsam mit der Wahrnehmung der inneren Haltung, mit Ungeduld oder Gelassenheit und mit Gefühlen und Assoziationen, die durch die Bewegungen ausgelöst werden.
Eine solche Lektion verbessert nicht nur die Bewegungskoordination und macht die Körper-Landkarte vollständiger, sondern veranschaulicht zudem die Idee, dass man ein Problem allgemeiner Art von einer anderen Seite angehen könnte, um seiner Lösung auf die

Spur zu kommen und den gefundenen Weg schließlich vertraut und geschmeidig zu machen.
Übrigens standen die bogenförmigen Bewegungen vom fallenden Stein und der aufsteigenden Rakete in meinen Träumen mit Sicherheit im Zusammenhang mit den Bewegungslektionen, denn keine Körperbewegung findet ohne einen bogen- oder einen spiralförmigen Anteil statt.

Ein anderer wichtiger Aspekt des Bewegungslernens ist die *Erweiterung* der Möglichkeiten. Im Tanz und auch im Sport werden ständig neue Bewegungsideen geboren, entstehen neue Sportarten und ungewohnte tänzerische Ausdrucksformen.
Wenn man solchen Bewegungskünstlern zusieht und denkt, *mehr* sei körperlich nicht mehr möglich, dann wird man schon bei nächster Gelegenheit von einer neuen Ästhetik oder von nie zuvor gesehenen Bewegungen überrascht.
Bei einigen dieser neuen Bewegungen graust es mich zu sehen, wie Körper gebogen und verdreht werden. Wo andere von Schlangenmenschen fasziniert sein mögen, wird mir übel, wenn ich mir vorstelle, wie diese Bandscheiben und Knorpel in ein paar Jahren aussehen werden. Nicht umsonst endet die Karriere der meisten Bühnentänzer um das dreißigste Lebensjahr, wenn die malträtierten Füße und missbrauchten Gelenke nicht mehr mitmachen, was von ihnen gefordert wird.

Die Möglichkeiten des Körpers bleiben unbegrenzt und es verschafft Befriedigung, sie zu entwickeln, auch wenn sie nicht auf riskante Weise ausgereizt werden. Ähnlich, wie mit Worten unendlich viele neue Sätze, Geschichten, Sprachstile und Romane geformt werden, ist die Variationsmöglichkeit von Bewegungen unbegrenzt.

Bei meiner ersten Brasilienreise war ich Zuschauer einer religiösen Candomblè-Zeremonie, bei der sich die Tänzerinnen und Tänzer durch polyrhythmisches Trommeln in Trance versetzen ließen. In einem bestimmten Moment wurden sie von den afrobrasilianischen Gottheiten *besessen* und begannen, deren charakteristische Tanzschritte und Körperbewegungen auszuführen.
Besonders faszinierten mich die Bewegungen der älteren *Mae de Santos*, der heiligen Frauen, die, gekleidet in weite weiße Gewänder, in einer Reihe ihre Tanzschritte ausführten. Dabei waren ihre Bewegungen ohne Übertreibungen und auf das Wesentliche reduziert und gerade dadurch überaus intensiv und ausdrucksstark. Dieser Anblick hinterließ bei mir einen tieferen Eindruck als viele der postmodernen Choreografien, die ich im Laufe der Jahre zu sehen bekam.

Berufspolitik – die Gründung der Internationalen Feldenkrais-Federation

Kurz nach dem Ende meiner Feldenkrais-Ausbildung nahm ich an einer außerordentlichen Mitgliederversammlung des Feldenkrais-Verbandes, der damals noch Gilde hieß, teil. Die Mitglieder hatten dem Vorstand vorgeworfen, er verschleiere seine Aktivitäten, wirtschafte in die eigene Tasche, sei nicht kooperativ und hätte durch eine eigenmächtige Trainingspolitik das Verhältnis zu den anderen europäischen Verbänden massiv gestört.

Die Sitzung wurde sehr turbulent und in ihrem Verlauf wurde der Vorstand abgewählt. Der bisherige Vorsitzende war schimpfend abgetreten, kein Nachfolger in Sicht, und das leere Podium machte die Situation überdeutlich. Es bildeten sich kleine Gruppen, in denen diskutiert und die Möglichkeiten ausgelotet wurden, wie es nun weitergehen könnte. Kurze Zeit später bestürmten mich viele meiner Kollegen, mich auf den Posten des neuen Vorsitzenden wählen zu lassen, in diesem Fall wären einige andere ebenfalls bereit, in einem neuen Vorstand mitzuarbeiten.

Mir wurde heiß und kalt, ich wusste nicht, ob ich dieser Verantwortung gerecht werden könnte. Schließlich rief ich meine Frau zu Hause an und bat sie um ihre Unterstützung und Zustimmung.

So kam ich plötzlich und völlig unvorbereitet zu dieser anspruchsvollen Aufgabe, einen wachsenden Verband zu leiten. In den folgenden Monaten fanden wir allmählich in die ungewohnte Verantwortung hinein. Wir verstanden nach den ersten Aufräumarbeiten nicht nur die laufenden Geschäfte besser, sondern begannen, die Richtung, in die sich der Verband entwickeln könnte, aktiv zu gestalten.

Es gelang uns, das Vertrauen der anderen europäischen Gilden wieder zu gewinnen und die Kontakte neu zu beleben.

Mehrmals fuhren wir in die Schweiz zu Lea Wolgensinger. Ihre Eltern waren sehr gute Freunde von Moshé Feldenkrais gewesen, und Lea hatte ihn bei seinen Besuchen im Haus der Eltern hautnah miterlebt. Nun erarbeiteten wir in ihrem Haus im Tessin die Grundlagen für einen Weltverband, und am Ende dieses Prozesses, zwei Jahre später, fuhren wir nach Paris, um Mitbegründer der Internationalen Feldenkrais-Federation zu werden.

Es waren Vertreterinnen und Vertreter aus den europäischen Ländern, Israel, Australien und Amerika zusammen gekommen, und nach mehreren intensiven Diskussionstagen, die durch Feldenkrais-Lektionen konstruktiv unterbrochen wurden, formulierten wir einen Satzungsentwurf, zu dem alle ihre Zustimmung geben konnten.

Wir arbeiteten nach der Maxime, dass entweder Einstimmigkeit erzielt wurde oder man die Frage *kann ich damit leben* positiv beantworten konnte.

Diese Einigung wurde zur Grundlage dafür, dass Michel Silice-Feldenkrais, der Neffe und Erbe von Moshé Feldenkrais, den Nachlass an die internationale Gemeinschaft übergab. Nun konnten die vielen Tonbandaufzeichnungen ausgewertet und zu Papier gebracht werden, sie wurden vom Hebräischen ins Englische übersetzt und stellen seither einen wertvollen Fundus für ausgebildete Feldenkrais-Practitioner in aller Welt dar.

Zukunftsperspektiven

Ich begann meine Feldenkrais-Ausbildung, als der letzte Abschnitt des Movement Awareness Trainings noch ausstand. Es war eine Art fliegender Wechsel von *Movement Awareness* (Soto) zu *Awareness Through Movement* (Feldenkrais), und ein perfekter Übergang, um noch tiefer in das Bewegungslernen einzusteigen.
Unser letztes Ausbildungsjahr bei Soto ging seinem Ende entgegen, und er lud einen externen Lehrer ein, um mit uns aus den Erfahrungen dieser drei Jahre berufliche Perspektiven zu erarbeiten.
Unter anderem sollten wir auflisten, in welcher Umgebung wir uns in naher, mittlerer und ferner Zukunft bei der Arbeit zu sehen wünschten. In der folgenden Nacht hatte ich einen sehr realistischen Traum:

Ich befand mich in einem Raum mit schönem Holzfußboden und wartete auf Kundschaft. Es verging eine lange Zeit, und niemand kam. Dann endlich trat ein dicker Mann durch die Tür, der definitiv nicht die Figur eines Tänzers hatte. Ich fragte mich, was ich mit dem Kerl sollte, entschloss mich dann aber doch, mit ihm zu arbeiten. Im Augenblick meiner Entscheidung sprang die Tür auf, und es kamen die unterschiedlichsten Menschen herein, erst Rad schlagende Harlekine, dann Kinder, Alte, Bewegliche und Lahme, der Raum füllte sich und ich hatte reichlich zu tun.

Als ich den anderen meinen Traum erzählte, lachten sie darüber, dass ich in dem dicken Mann nicht gleich Moshé Feldenkrais erkannt hatte. Damals gab es in mir noch Reste meiner ursprünglichen Ambivalenz gegenüber der Methode, aber mein Unbewusstes hatte längst erkannt, dass ich den beleibten Moshé herein lassen sollte.

In die Auflistung meiner beruflichen Zukunftswünsche hatte ich zu meinem eigenen Erstaunen geschrieben, ich wünschte mir, Vorträge vor einem größeren Publikum zu halten. Auf der Bühne hatte ich ja bereits getanzt, mich bewegt und auch Töne und Worte von mir gegeben, aber eine Rede zu halten war eine ganz andere Kategorie.

Wie sich etliche Jahre später herausstellte, hatte ich mir damit wohl nach dem Prinzip brasilianischer Wunschbändchen eine Idee in mein Gehirn hinein geknotet, die schließlich zu ihrer Umsetzung heranreifen sollte.

6 Im Knast und unter Psychotherapeuten

Entscheidungslücke und Selbststeuerung – Feldenkrais-Arbeit mit straffälligen Jugendlichen im Gefängnis

Hier noch mal die Regeln: es wird nicht gesprochen. Punkt. Wenn ich Fragen stelle, sind diese Fragen nur dafür da, sich selbst zu beobachten, es werden also keine Antworten gegeben. Wer nicht mehr mitmachen kann oder will, darf sich hinsetzen und an die Wand anlehnen, aber es wird niemand gestört.
Ist das allen klar?

Das war der Einstieg in die dritte Einheit einer neuen Serie von Feldenkrais-Gruppenstunden im Jugend-Gefängnis. Im Laufe der Jahre hatte ich die Erfahrung gemacht, dass klare Ansagen die einzige Rettung waren, wenn die Gruppen nicht im Chaos enden sollten. Ich unterrichtete eine Einheit pro Woche. Die Jungs waren zwischen sechzehn und achtzehn Jahre alt.

Die Woche zuvor war einer der acht Gruppenteilnehmer, ich nenne ihn Karsten, herumgegangen. Er hatte nicht mitgemacht und Bauchweh vorgeschoben, den Raum für die Toilette verlassen und die anderen abgelenkt und gestört. Als ich diesmal nach ihm fragte, sagte die Sozialarbeiterin, ob ich ihn wirklich wieder in die Gruppe holen wollte, der sei doch immer so verrückt drauf.
Sie schloss seine Zelle auf, er stand in der Tür und sagte *ja, ich mache mit.* Er brauchte lange, bis er bereit war, musste sich erst noch seine Zigarette für die spätere Freistunde fertig drehen, wechselte von seinen Hausschuhen in die Straßenschuhe, und trottete dann hinter mir her zum Rest der Gruppe.

In einem Gefängnis ist es nicht einfach, passende Räume zu finden. Unser Übungsraum war eigentlich ein Konferenzzimmer, wir mussten die Tische und Stühle auf den Flur räumen, die Matten aus dem Nebenraum holen und so auslegen, dass die Teilnehmer sich nicht mit den Füßen in die Quere kommen konnten, denn dann würde eine gegenseitige Treterei losgehen. Diese Strukturen musste ich innerlich klar haben und in der Situation direkt und mit Bestimmtheit festlegen. Jedes Zögern oder eine Unsicherheit von meiner Seite konnten bewirken, dass die Stunde in die Hose ging.

Karsten setzte sich auf eine Matte, ich gab meine Regeln bekannt, da sagte er: *heute mache ich wirklich mit.* Und tatsächlich war er in der Lage, fast zwei Drittel der Zeit konzentriert durchzuhalten. Auch danach lehnte er sich neben einem Mitgefangenen an die Wand, störte aber nicht. Nach der Stunde sagte ich ihm, das sei sehr gut gewesen, er könne stolz auf sich sein.

In der Nachbesprechung mit den Sozialarbeitern und den Aufsichtsbeamten berichtete ich von seiner Leistung, und sie meinten, das würden sie anerkennend in seiner Akte vermerken. Ich schlug vor, sie sollten es ihm auch noch einmal persönlich rückmelden, das würde ihn noch mehr bestärken.

Ich war mir sicher, dass diese Situation, auch wenn die Stunde nicht perfekt verlaufen war, auf diesen jungen Mann eine deutliche Wirkung haben würde. Denn Anerkennung zu erfahren, vor allem von externen Autoritätspersonen, gehört nicht gerade zu den üblichen Tagesereignissen von jungen Strafgefangenen.

Hier kam noch die körperliche Erfahrung durch den Feldenkrais-Unterricht hinzu, eine Situation von konzentrierter Selbstbeobachtung, die in der Regel zu größerer innerer Ruhe und Gelassenheit führt und mehr Raum für die bewusste Wahrnehmung auch von sozialen Situationen schafft.

Vor Jahren hatte mich ein Gefängnispsychologe eingeladen, Feldenkrais und Stockkampf im Rahmen einer Weiterbildung für die Gefängnis-Bediensteten zu unterrichten. Seine eigentliche Absicht war, dass ich als externer Mitarbeiter eine Antigewalt-Gruppe für Gefangene anbieten sollte, mit der Feldenkrais-Methode als einem zentralen Element. Er wollte das Personal mit dieser Arbeit zunächst vertraut machen, bevor das Projekt beginnen würde.

Es folgten mehrere Einheiten im Strafvollzug für junge Erwachsene, später in einem anderen Gefängnis mit älteren Jugendlichen, und nun ging ich in den Jugendknast.

Neben der Arbeit mit den Gefangenen unterrichtete ich weiterhin Weiterbildungstage für die Bediensteten, denn es war hilfreich, innerhalb des Gefängnisses Unterstützung für dieses eher unbekannte Konzept zu erhalten.

Ein Gefängnis ist ein organisatorischer Moloch. Die Abläufe müssen streng geregelt und mit den verschiedenen Abteilungen abgesprochen und koordiniert sein. Ohne die Unterstützung durch die Festangestellten ist eine solche Arbeit von Außerhalb von vornherein zum Scheitern verurteilt.

Allein der Weg hinein ist ein Hindernislauf. Zuerst wird man von den Beamten hinter dem verspiegelten Panzerglas des Pförtnerhauses kritisch beäugt, im Computer wird nachgeschaut, ob ich eine Zutrittsberechtigung habe. Nachdem ich durch eine schwere Tür in die Schleuse eintreten durfte, gebe ich durch ein Schubfach meinen Ausweis hinein und bekomme das Notrufgerät und einen massiven Schlüssel zurück. Dann wird die zweite Schleusentür für mich freigegeben, der Summton sagt mir, dass ich mir die Tür mit ziemlichem Kraftaufwand selbst aufziehen muss. Der Weg führt nun über einen Vorhof, mein Schlüssel verschafft

mir Zugang zu einem Innenhof, der wiederum durch ein hohes Gitter unterteilt ist, für das ich wieder meinen Schlüssel brauche. Wenn ich dann durch eine weitere Tür den Zellenbau betreten habe, befinde ich mich in einem Treppenhaus, das ebenfalls durch schwere verschlossene Glastüren von den Fluren der Stationen getrennt ist.
Erst dann treffe ich auf die Bediensteten, die für mich die Gefangenen über eine Gegensprechanlage informieren, dass sie sich bereit machen sollen, denn gleich wird ihre Zelle aufgeschlossen, damit sie an der Feldenkrais-Gruppe teilnehmen können. Wenn man diesen Weg die ersten Male geht, begleitet einen schon ein mulmiges Gefühl.

Vor wenigen Jahrzehnten erst wurde gesetzlich bestimmt, dass eine Gefängnisstrafe der Resozialisierung dienen muss, was besonders für Jugendgefängnisse gilt. Dort kann ein Schulabschluss gemacht werden und es gibt die Möglichkeit, einen Beruf zu erlernen. Es gibt Sportangebote oder sogar Musikunterricht.
Die früheren Antiaggressionstrainings haben sich zu Antigewalttrainings gewandelt, denn allmählich hatte sich die Ansicht durchgesetzt, dass es einen signifikanten Unterschied zwischen Aggression und Gewalt gibt, und dass robuste Umgangsweisen das gestörte Sozialverhalten der Straftäter nicht wirklich verändern.
Tai Chi oder andere Verfahren wurden eingeführt, mit denen mehr Sensibilität gefördert werden sollte. Nicht mehr Selbstbeherrschung, also das Aushalten von Beleidigungen und Sticheleien auf dem heißen Stuhl wurde zum Maß der Dinge, sondern das Erlangen von größerer Kompetenz zur Selbststeuerung.
Die meisten der jungen Gefangenen sind im Einzelkontakt brave Lämmer, sie sind umgänglich, einsichtig und oftmals ausgesucht höflich. Erst in der Gruppe geraten sie in den Sog von Handlungen, die sie schließlich

nicht mehr bewusst steuern können. Es sind meistens solche Situationen, in denen sie die Kontrolle verloren haben und straffällig wurden.

Selbstbild und Selbstbestimmtes Handeln

Persönlichkeit resultiert aus dem Abgleich der augenblicklichen körperlichen Selbstwahrnehmung mit den unzähligen Erinnerungen an vergangene Körperzustände. Es strömen in jedem Moment riesige Mengen an Informationsmeldungen aus der Körperperipherie zum Gehirn: über die Stellung der Körperteile im Raum, den Spannungszustand der Muskulatur, über vegetative Zustände, ob wir ruhig oder hellwach sind.
Dies ist gepaart mit äußeren Wahrnehmungen wie Gerüchen, Geräuschen, Hautempfindungen, optischen Eindrücken usw., die sich alle zu einem Gesamtbild, dem *aktuellen Selbstbild* zusammenfügen.
Unser Gehirn vergleicht dieses aktuelle Selbstbild mit der Summe vergangener Selbstbilder oder deren Fragmenten. Aus diesem Vergleich leitet sich eine Kontinuität unseres Wesens ab – die Persönlichkeit oder Identität, welche die Grundlage für unsere Handlungsweise in jeder Lebenslage bildet.
Diese unterliegt fast immer bestimmten Handlungsmustern und Routinen.
Eine Tätigkeit kommt uns in den meisten Fällen, wenn überhaupt, erst zu Bewusstsein, *nachdem* wir sie ausgeführt haben. Der größte Teil unseres Tagesablaufs besteht darin, mit individuell vorstrukturierten Routinen und Handlungsmustern auf äußere Reize und Situationen zu reagieren. Das Wenigste von dem, was wir im Laufe eines Tages tun, erfordert bewusste Entscheidungen. Dies gilt natürlich auch für die Art, wie wir auf andere Menschen reagieren.
Lässt sich das beeinflussen?
Selbst wenn eine Person um Handlungsalternativen weiß, wird ihr das Verlassen ihrer Handlungsmuster nur gelingen, wenn ihr zum Bewusstsein kommt, was sie in diesem Moment gerade tut, dass es andere Mög-

lichkeiten gibt, und dass sie eine *Wahl* hat, etwas *anders* zu tun.
Sich selbst wahrzunehmen ist die Grundlage für jedes selbstbestimmte Handeln. Ich muss mich wahrnehmen um zu wissen, was ich tue, und der einfachste Weg dazu ist sich zu öffnen für die aktuelle körperliche Empfindung.
Moshé Feldenkrais fasste das mit dem Satz zusammen: *Wenn du weißt, was du tust, kannst du tun, was du willst.* Er postulierte, dass eine Entwicklung oder Reifung immer alle der folgenden vier Aspekte betrifft: Die Bewegung, das Denken, die Sinneswahrnehmungen und die Emotionen.
Eine bewusste und nachhaltige Veränderung in einem dieser Aspekte wird immer die anderen mit verändern.
Ein solcher Entwicklungs-Prozess geschieht auf einer sehr subtilen und feinkoordinativen Ebene.
Durchbruchserlebnisse kommen vor, danach aber beginnt die Kleinarbeit, diese Erkenntnisse zu verinnerlichen und alltagstauglich zu verankern.

Wenn ein potenzieller Gewalttäter in eine Situation gerät, in der ihm auf Grund seines Selbstbildes nur eine gewaltsame Reaktion zur Verfügung steht, wenn er beleidigt oder gekränkt wird, schafft, wenn überhaupt irgendetwas, in diesem Augenblick die klare körperliche Selbstwahrnehmung eine *Entscheidungslücke*, die es ihm möglich macht, noch inmitten des Handlungsverlaufs sein Verhalten zu hinterfragen und zu ändern.
Der eigentliche Prozess der Veränderung ist jedoch nicht die einmalige vordergründige Änderung einer Handlung, sondern die vertiefte Fähigkeit zur Selbstwahrnehmung.
Dazu bedarf es eines Lernprozesses, bei dem der Wille zur Entwicklung in den Betroffenen selbst erwachsen muss. Das lässt sich nicht verordnen, und so ist diese Arbeit im Gefängnis immer ein Balanceakt, bei dem es

die Strukturen eines erträglichen sozialen Miteinanders durchzusetzen gilt, und gleichzeitig den Raum für Freiwilligkeit zu öffnen.

Der Feldenkrais-Ansatz ist *Bewegung*, einer der vier oben genannten Aspekte, und im Fokus steht der ganze Mensch. Dass die körperliche Selbstwahrnehmung ein wichtiger Aspekt der Selbststeuerung ist, war die Begründung dafür, weshalb ich Feldenkrais im Knast anbieten konnte.

Lust auf Lindau – als Referent bei den Lindauer Psychotherapiewochen

Viele meiner Bekannten waren Psychotherapeuten. Das ist nicht weiter verwunderlich, denn Gießen, der Ort an dem der Psychoanalytiker Horst Eberhard Richter wirkte, wies früher angeblich eine höhere Dichte an Psychotherapeuten auf als das New York von Woody Allen.
In jedem Jahr hörte ich deshalb immer Anfang April, dass nun wieder die Lindauer Psychotherapiewochen anstünden, der größte deutschsprachige Psychotherapiekongress, der mittlerweile seit über sechzig Jahren am Bodensee stattfindet.
Diese Tagung war in der Szene hoch besetzt, da die Leitthemen immer auf spannende Weise aktuelle Strömungen der Psychotherapie und der Gesellschaft aufgriffen.
Unter den Referenten gab es international führende Wissenschaftler, wie den Babyforscher Daniel Stern, den Gehirnforscher Gerhard Roth, den Philosophen und Physiker Hans-Peter Dürr und Verena Kast, die mit ihren Büchern ganze Regale füllen konnte; später kamen noch viele andere wie Manfred Spitzer, Gerald Hüther und sogar Dr. Eckehart von Hirschhausen hinzu, der einen vergnüglichen Abendvortrag hielt. Das war aber erst viel später.
Die Obstbaumblüte im Hinterland und die Cafés im Hafen mit dem Blick über den Bodensee auf die noch schneebedeckten Berge hinter dem gegenüber liegenden Schweizer Ufer waren ebenfalls wichtige Argumente, auf diese Tagung zu fahren.

Eines Vormittags, mein Sohn war in der Schule und meine Frau bei der Arbeit, angelte ich einen unscheinbaren Briefumschlag aus dem Briefkasten. Ich öffnete ihn und konnte kaum glauben, was ich da las: es war eine Einladung, als Dozent bei den Lindauer Psychotherapiewochen zwei ganzwöchige Feldenkrais-Seminare anzubieten. Ich war so voller Freude und Stolz und so maßlos aufgeregt, dass ich durchs ganze Haus hüpfte, schreiend die Treppe hoch und runter rannte und mich kaum beruhigen konnte.

Wie ich später erfuhr, hatte mich eine Feldenkrais-Kollegin vorgeschlagen, die mich durch meine frühere Tätigkeit als Vorsitzender des Feldenkrais-Verbandes kannte.

Ich war unglaublich aufgeregt, ich malte mir aus, dass dieses Publikum sehr viel anspruchsvoller sein würde als die Teilnehmer meiner Freizeitgruppen. Andererseits hatte ich einen soliden Hintergrund in einer Thematik, die meinen Seminarteilnehmern weitgehend unvertraut sein würde.

Die meisten von ihnen waren Ärzte und hatten daher ein gründliches theoretisches Wissen über Anatomie. Zu beobachten, wie nun dieses theoretische Wissen mit der praktischen körperlichen Erfahrung aufeinander traf und jede Menge Aha-Erlebnisse auslöste, bereitete mir große Freude. Meine Seminare kamen gut an, und ich wurde auch in den folgenden Jahren wieder eingeladen.

Ohne besondere Hintergedanken hatte ich über meine Arbeit im Gefängnis einen Bericht verfasst. Ich fand meine Erfahrungen dort so interessant, dass ich sie einfach protokollieren und festhalten wollte.

Irgendwann schlenderte ich durch die Lindauer Gassen und traf mit einem der drei Tagungsleiter zusammen, der zufällig den gleichen Weg hatte wie ich. Ich erzählte ihm von meiner Gefängnis-Arbeit und fragte, ob es ihn interessierte, den Bericht zu lesen. Er sagte, das passte ja prima zum Leitthema des nächsten Jahres mit dem Titel *Der Gewalt begegnen*, und ob ich nicht einen Vortrag über meinen Ansatz halten könnte.

Da überkam es mich wieder, dieses Gefühl von heiß und kalt wie damals, als ich vor der Entscheidung stand, ob ich Gilde-Vorsitzender werden wollte. Ich fragte ihn, wie viel Zeit ich hätte, mich zu entscheiden, aber innerlich war mir schon längst klar, dass ich diesen Vortrag halten wollte. Das tat ich dann auch ein Jahr später im Rahmen der Morgenvorlesungen in einem vollbesetzten Kinosaal.

Ein paar Monate später erzählte mir in Gießen eine Gruppenteilnehmerin von ihrem Besuch bei einer Freundin in Köln, einer Psychotherapeutin. Die hatte ihr von Lindau vorgeschwärmt und erzählt, dass sie von einem Gießener einen guten Vortrag über Gefängnisarbeit gehört hatte, mit praktischen Beispielen, die zum selber Ausprobieren angeregt hätten.

Ich war ganz schön stolz.

Kein Kongress ohne die große Party! Im Jahr, als Eckhart von Hirschhausen seinen Abendvortrag hielt, fand sie auf einem der großen Bodensee-Schiffe statt, das im Hafen festgemacht hatte. Zwei Decks waren zu Tanzflächen mutiert, und ich rockte ordentlich mit. Hirschhausen war auch dabei und ich sah, dass er ein paar Fotos machte.

Am übernächsten Abend hielt er seinen Vortrag, in den er ganz aktuell seine Eindrücke von der Stadt Lindau und von der Tagung eingearbeitet hatte. Die Stimmung sei ausgezeichnet, wie man auf den Fotos sehen könne. Auf dem nächsten Bild sah ich mich überlebensgroß auf die Leinwand projiziert beim Rocken auf dem Schiff und machte mich vor Scham in meinem Stuhl ganz klein.

Drei Jahre später hatte ich erneut die Chance, einen Vortrag zu halten über *Die Feldenkrais-Methode als Burnout-Prophylaxe für Psychotherapeuten*. Diesmal hatte ich fast fünfhundert Zuhörer, meine Aufregung

vorher war der Situation angemessen, und mit den Rückmeldungen konnte ich auch diesmal zufrieden sein.
So hatte sich der Zukunftswunsch erfüllt, den ich fünfundzwanzig Jahre zuvor bei Soto auf meine Liste geschrieben hatte.

7 Psychosomatische Aspekte der Feldenkrais-Methode

Funktionale Integration – Die Einzelarbeit in der Feldenkrais-Methode

Bei der Hälfte aller Röntgen- oder MRT-Untersuchungen von Schmerzpatienten taucht kein sichtbares Ergebnis auf, das als Ursache für die Schmerzen herhalten könnte. Umgekehrt werden bei Zufallsbefunden jede Menge Bandscheibenvorfälle und Arthrosen entdeckt, aber die Betroffenen haben keine Schmerzen.
Bei einem Vortrag der Orthopäden in der Gießener Uniklinik ging der Referent sogar so weit, mit einem ironischen Unterton zu sagen, dass man bei Rückenschmerzen lieber keine Röntgenbilder machen sollte, denn wenn es einen sichtbaren Befund gäbe, sei damit noch lange nicht gesagt, dass die Ursachen für die Schmerzen gefunden seien.
Andererseits würde der Befund dazu verleiten, genau das anzunehmen, also die Schmerzen dem Befund zuzuordnen, und womöglich eine unnötige Operation durchzuführen. Zu häufig trat früher nach Eingriffen keine Besserung der Schmerzsymptomatik ein. Seit sich diese Erkenntnis durchgesetzt hatte, würde sehr viel genauer nach einer Indikation zur OP gesucht und weniger schnell operiert.
Bei der gleichen Veranstaltung wurde auch über eine Metastudie berichtet, die zeigte, wie aus Persönlichkeitsmerkmalen von Schmerzpatienten das Behandlungsergebnis nach einer Operation mit einer ziemlich hohen Genauigkeit vorhergesagt werden konnte.
Persönlichkeitsmerkmale oder persönliche Eigenschaften und der Umgang mit sich selbst hätten also einen signifikanten Einfluss darauf, ob ein Eingriff geeignet sei, Schmerzen zu beseitigen.

Einem Feldenkrais-Lehrer stellt sich da natürlich gleich die Frage, ob diese Persönlichkeitsmerkmale auch ohne Operation zu einer Besserung beitragen könnten, vorausgesetzt die Person bekommt geeignete Hinweise, mit ihrer Situation so umzugehen, dass sie die schmerzauslösenden Faktoren erkennt und verändert.

Jemand ruft an, hat meine Telefonnummer von einer Bekannten bekommen, und sagt, er kann nur noch kriechen, Schuhe zubinden ist unmöglich, er hat sich nur leicht nach vorne gebeugt, da ist es ihm ins Kreuz geschossen, und dann ging nichts mehr.
Das ist ein gängiger Anlass für die meisten Menschen, die es mit Feldenkrais versuchen wollen. Oft ist das Problem zum wiederholten Mal aufgetaucht, sie haben sich schon einrenken lassen, dann war es für einige Zeit gut, kam aber spätestens nach ein paar Monaten wieder zurück, häufig noch heftiger als zuvor.
Nun leiden sie unter schlimmen Rückenschmerzen und haben von Feldenkrais gehört, manche verstehen es als letzten möglichen Rettungsversuch vor einer drohenden Operation.

Die Methode mit ihrer oft erstaunlichen Wirkung bei körperlichen Beschwerden fand in Deutschland durch einige experimentierfreudige Krankengymnastinnen ihre erste Verbreitung vor allem im Gesundheitsbereich. Daher scheint auch heute noch ein körperliches Problem der häufigste Anlass zu sein, um Feldenkrais auszuprobieren.
Wenn jemand zu mir in die Einzelstunde kommt, schlage ich vor, wenigstens drei Termine zu vereinbaren, denn es braucht eine gewisse Vertrautheit, um sich unbefangen in diese recht nahe Situation zu begeben. Es ist mir wichtig, Eckdaten über die Lebenssituation des Klienten zu erfahren. Ich frage nach Situationen im Alltag, in denen sich das Problem meldet, nach häufi-

gen Arbeitshaltungen im Beruf oder nach der Freizeitgestaltung. Ich frage auch danach, wann das Problem zum ersten Mal aufgetaucht ist, ob es in einer Lebensphase mit besonderen Umständen war.
Dann beobachte ich das Gangbild und die Körperhaltung, und in mir formt sich ein Bild, wie sich dieser Mensch mit weniger Anstrengung aufrichten und durch sein Leben bewegen könnte.

Im Körper gibt es Muskeln und Knochen, Bindegewebe und innere Organe, ein Nervensystem mit dem Gehirn als Schaltzentrale und als Empfänger der vielen Informationen, die aus der Körperperipherie heran strömen. Dazu kommen noch die äußeren Wahrnehmungen und das permanente Entstehen von Gedanken und inneren Bildern. Alles zusammen formt das Selbstbild, das jeder Mensch von sich hat.
Falls es nicht durch Schmerzwahrnehmungen, Verspannungen oder Erschöpfung gestört wird, ist dieses Selbstbild symmetrisch und aufrecht. Denn unser Nervensystem richtet für unsere Wahrnehmung gerade, was nicht gerade ist.
Der Körper ist voller Asymmetrien, das beginnt mit der Verteilung der inneren Organe: das Herz ist halb in der Mitte nach links verlagert, rechts befindet sich die schwere Leber, der linke Lungenflügel hat einen Bronchienast weniger als der rechte.
Des Weiteren differieren die meisten Beinlängen, ein Zentimeter Unterschied gilt als völlig normal. Wenn man sich auf den Bauch legt, hat es der Kopf zu einer Seite bequemer als zur anderen, denn die Brustwirbelsäule hat eine bevorzugte Drehrichtung.
Frauen tragen ihre Handtasche fast immer über der gleichen Schulter. Mann ist Rechtshänder oder Linkshänder. Kaum ein Gesicht, vielleicht abgesehen von Nofretete, ist völlig symmetrisch, aber beim Blick in

den Spiegel nehmen wir uns nur in unserem vertrauten Bild wahr.

Asymmetrien im Skelett wirken sich auf die Muskelspannung aus, denn wir sind permanent der Schwerkraft ausgesetzt. Im Idealfall wird das Skelett durch die Muskulatur so angeordnet, dass das Gewicht der Körperteile durch die Knochen auf den Boden übertragen wird. Die Gelenke und die Wirbelsäule müssen so zueinander ausgerichtet sein, dass diese Übertragung ohne große Scherkräfte geschieht.
Wenn es zu größeren Abweichungen von der Senkrechten kommt, muss die Muskulatur mit entsprechend größerem Kraftaufwand gegenhalten. So wie bei einem Kran die Stahlseile auf der Rückseite nach unten verlaufen, spannen sich beim Menschen die langen Rückenstrecker an, wenn der Kopf zu weit nach vorne geschoben ist. Sie sind eigentlich Arbeitsmuskeln, müssen in einer solchen Konfiguration aber die für die Haltung zuständigen tiefer liegenden kleinen Muskeln verstärken.
Das gilt genauso für seitliche Neigungen und für jede Zwischenetage in unserem Körper, und zwar weitaus differenzierter, als es auf den ersten Blick erscheint.

Es braucht erst eine besondere Aufmerksamkeit, um hinter diese symmetrische Fassade zu blicken. Sie wird entweder durch Schmerzen ausgelöst oder durch Verfremdung, etwa, wenn man sein Selbstportrait seitenverkehrt sieht.
Oder wenn man Feldenkrais macht.

Abweichungen von der Ideallinie in der Schwerkraft können die unterschiedlichsten Ursachen haben. Da sind zunächst genetisch bedingte körperliche Dispositionen, wie Hüftdysplasien oder die Längenverhältnisse von Rumpf und Beinen. Dazu kommen frühe Bewe-

gungsgewohnheiten, die in den ersten Lebensmonaten und Jahren erworben wurden.
Es kann eine Rolle spielen, ob Eltern ihr Kind zu früh hinsetzten, obwohl die Bewegungsentwicklung dafür noch nicht ausreichend gereift war. Es schmerzt mich, wenn ich Eltern sehe, die ihrem Kind, das dafür noch zu klein ist, das Gehen beibringen wollen und es an den Armen hochhalten, und darunter machen die Beinchen wackelige und unkoordinierte Gehbewegungen.
Durch Überforderungen dieser Art sucht das Nervensystem nach Hilfsbewegungen, die schließlich als ein Bestandteil des Bewegungsverhaltens eingebaut werden.
Es hat einen Einfluss, wie vertrauensvoll oder ängstlich Eltern die Bewegungen ihres Kindes sehen und begleiten. Oder es können sich traumatische Erfahrungen von Stürzen, schlimmer noch, von Misshandlungen einbrennen, die sich in einer erhöhten Muskelspannung niederschlagen.
Solche Dispositionen begleiten einen Menschen lebenslang. Sie können zwar weitgehend im Hintergrund bleiben, entfalten aber als tickende Zeitbombe oder in kritischen Lebenssituationen ihre unangenehme und störende, manchmal zerstörende Wirkung.

Eine zweite Ebene neben den körperlichen Dispositionen ist die aktuelle Lebenssituation: besondere berufliche Belastungen, Beziehungskrisen, Prüfungsphasen, kranke oder pflegebedürftige Menschen im Lebensumfeld, anstehende Neuorientierungen in kommenden Lebensphasen.

Schließlich gesellt sich ein akuter Anlass als Auslöser hinzu: schnell noch irgendeine Sache zu Ende gebracht und dabei unaufmerksam gewesen oder ein zu schweres Gewicht zu schnell angehoben – manchmal lässt sich dieser Anlass als eine Art unbewusste Selbstver-

letzung interpretieren, ein Hilferuf, der deutlich macht, dass es jetzt mehr Aufmerksamkeit auf sich selbst braucht und dass dringend etwas geschehen muss.
Jede dieser Ebenen für sich alleine würde nicht zum großen GAU führen, aber die Kombination sehr wohl.

Meine Fragen zu Beginn einer Stunde dienen deshalb nicht nur meinem Informationsbedarf, sondern sie erweitern beim Klienten den Blick auf die größeren Zusammenhänge.
So kommt es vor, dass jemand auf der Liege Platz genommen hat und kurz darauf mögliche Wechselbeziehungen zwischen seinem körperlichen Zustand und seiner Lebenssituation assoziiert und ausspricht. Bereits dieses Erkennen bewirkt, dass er sich nicht mehr seinem diffusen Schmerz ausgeliefert fühlt, und stattdessen eine Ahnung bekommt, dass sich an der Situation etwas ändern ließe.

Keine Einzelstunde gleicht der anderen. Es gibt keine vorgefertigten Techniken oder gar Behandlungsabläufe. Stattdessen nehme ich mit meinen Händen Kontakt auf, fühle durch kleinste Bewegungen, wie beweglich oder festgehalten dieser Mensch ist.
Es ist, als ob ich den anderen Körper an meine Propriozeption, meine eigene Bewegungswahrnehmung ankoppele. Je weniger Kraft ich in meine Bewegung gebe, mit der ich die Schulter, den Arm, die Rippen oder das Bein des Klienten bewege, umso feiner kann ich seine Widerstände oder Richtungsvorlieben spüren.
Ganz oft sind die Klienten erstaunt, dass sie ihre Muskeln angespannt haben, ohne es bis dahin zu merken. Um loslassen zu können ist der erste Schritt, überhaupt wahrzunehmen, dass man festhält.
Ich wiederhole die Bewegungen mit geringstmöglicher Kraft, ohne gegen die Widerstände anzugehen, führe die Bewegung immer wieder bis an die Stelle, wo die

Handbremse angezogen ist und warte darauf, dass der Mensch, dass sein Nervensystem das Festhalten erkennt und eine Änderung zulässt.

Schmerz ist meistens ein krampfartiges Festhalten kleinster Muskelfasern innerhalb eines Muskelverbandes. Sobald diese Muskelfasern gedehnt werden, also eine Bewegung passiert, die sie ursprünglich verhindern wollten, schreien sie Alarm.
Selbst wenn die traumatische Bewegung, die irgendwann einmal Gefahr bedeutete und diesen Schmerz erzeugt hat, nicht mehr vorhanden oder zu befürchten ist, kann jede Bewegung in dieser Richtung die Schmerzempfindung erneut auslösen und das Schmerzgedächtnis aktivieren.

Nun findet eine Art stummer Dialog zwischen meinen Händen und dem anderen Körper statt:
OK, wir gehen jetzt mal in diese Richtung und halten inne, sobald du (Muskelfaser und Mensch) Angst kriegst. – Siehst du, so weit geht es, ohne dass etwas Gefährliches passiert. Ist es in Ordnung, wenn wir es beim nächsten Mal etwas weiter probieren? Der Widerstand hat sich nicht verändert. *Na gut, diesmal noch nicht. Lassen wir uns Zeit.*
Das wiederholen wir ein paar Mal, dann sagt mir meine Erfahrung und Intuition, die Bewegung aus einem anderen, ungewohnten Winkel anzugehen:
Schau mal, jetzt bewegen wir uns wieder in dem Bereich, wo du vorhin Alarm geschrien hast, und nur, weil wir von einer anderen Seite kommen, ist alles in Ordnung. Seltsam, nicht? Wie wäre es, wenn wir noch mal den ersten Weg entlang gehen und an die Stelle kommen, wo du gerade eben schmerzfrei warst? Vielleicht erkennst du dann, dass alles halb so schlimm ist.

Dieses Beispiel zeigt, dass der Feldenkrais-Lehrer nicht am Klienten manipuliert, sondern ihm die Wahrnehmung ermöglicht, mit deren Hilfe ihm selbst die Änderung gelingt. Diese Änderung gelingt jedoch nicht über Willensanstrengung. Es ist ein sehr indirekter Weg, der durch Willkürbewegungen eher gestört wird.
Außerdem wird hier deutlich, dass viele Einschränkungen und Schmerzen ihre Ursache nicht dort haben, wo sie sich äußern, sondern dass die Bewegungssteuerung im Gehirn einen wesentlichen Anteil hat. Diese wiederum ist ein neuronaler Prozess, in den das Selbstbild mit hinein spielt.

Dass ich mit dem Klienten im Liegen arbeite bewirkt, dass sein Nervensystem entlastet und nicht mit den vertrauten Haltungsmustern gegen die Schwerkraft beschäftigt ist. Das Liegen entbindet einen großen Anteil der motorischen Aktivitäten von ihren gewohnten Aufgaben und setzt mehr Potential frei.
Dadurch kann der Klient in einen entspannten und tranceartigen Zustand kommen, bei dem das Frontalhirn die Kontrolle aufgibt und Bewegungsmöglichkeiten zulässt, welche die gewohnten Muster verlassen. Der Mensch erkennt neue, bisher nicht genutzte Möglichkeiten und erweitert sein Selbstbild.

Oft bewirkt diese Vorgehensweise, auch wenn sie nur an einem Arm oder einer Schulter stattfindet, dass sich mit dem Erkennen und Lösen des Festhaltens eine Entspannung im *ganzen* Körper breit macht.
Dies ist die Voraussetzung, um weitere störende Bewegungen oder Haltemuster aufzudecken und zu einem *organischen* Bewegungsverhalten zu kommen. Auf diese Weise können sich die Ursachen für Schmerzen und Behinderung auflösen.

Es ist ein Lernprozess, der auch zu mehr Leichtigkeit und zu größerer Bewegungskompetenz verhilft. Aus diesem Grund kommen Menschen zu Feldenkrais-Stunden, um beim Musizieren, in ihrer Kunst oder im Sport besser zu werden.
Ich habe mehrfach erlebt, wie Geiger ihr Instrument nach einer Feldenkrais-Stunde voller zum Klingen brachten und dabei weniger Kraft aufbringen mussten. Musiker empfinde ich als eine Art Hochleistungssportler, die es mit höchster Konzentration oft über einen langen Zeitraum in einer Körperposition aushalten und dabei den gewünschten Klang mit großer Differenziertheit und Dynamik erzeugen müssen. Sie profitieren von Feldenkrais, indem sie mit feinerer körperlicher Selbstwahrnehmung in die Lage versetzt werden, den Druck auf die Saite besser zu dosieren oder den Atemstrom mit weniger Anstrengung zu kontrollieren. Auch wächst die Fähigkeit, sich mit kleinsten Bewegungen trotz der vom Instrument geforderten Körperhaltung immer wieder zu lockern.

Auch für Schauspieler ist der Körper *das* Ausdrucksmittel neben der Stimme. Bereits während ihrer Ausbildung werden daher viele Schauspieler mit Körperarbeit, häufig mit der Alexander-Technik, vertraut gemacht.
Bei Alexander geht es vor allem um die Haltung, um die Überwindung von Gewohnheiten und einen ökonomischen Körpereinsatz für bestimmte Bewegungsabsichten. Alexander war Rezitator und entwickelte seine Methode aufgrund eines Versagens seiner Stimme. Ein wichtiger Ansatzpunkt für ihn war die Kopf- und Nackenposition relativ zum Rumpf.

Vergleicht man Beschreibungen für die Alexander-Technik und für die Feldenkrais-Methode, so ist für den Laien ein Unterschied schwer zu erkennen.

Beide sahen ihre Methode als Lernprozess, für beide war die Einheit von Körper und Geist Grundlage ihres Denkens, und beide zeigten auf, wie über die Wahrnehmung von Bewegung und Körpersignalen Gewohnheiten und festgefahrene Muster überwunden werden können.
Angeblich lehnte der ältere Alexander nach einer ersten Begegnung mit Moshé Feldenkrais wütend jeden weiteren Kontakt mit diesem ab, weil er sich von ihm kopiert fühlte.

Feldenkrais fand den Zugang zu seiner Methode jedoch durch seine eigene Erfahrung mit gewaltvollen körperlichen Auseinandersetzungen, dem Studium des Judo und seiner wissenschaftlich fundierten Neugier, nicht zuletzt dem Studium der neuesten Erkenntnisse in der neurologischen Forschung.
Auch Feldenkrais erarbeitete sich seine Methode durch eine intensive und intelligente Selbstbeobachtung. Letztlich war er an *beweglichen Gehirnen* interessiert, und wenn seine Methode zur Überwindung von Behinderung oder Schmerzen führte, sah er das eher als ein Nebenprodukt an. Deshalb zählten zu Feldenkrais' Schülern auch Menschen wie der Regisseur Peter Brook oder der Geiger Yehudi Menuhin. Feldenkrais träumte davon, dass die Menschheit einen großen Entwicklungsschritt machen könnte, wenn jeder Mensch sein Potential nutzen und bewusster und mit mehr Selbstbestimmtheit durchs Leben gehen würde – natürlich Dank seiner Methode.

Bewegung ist Denken ist Fühlen ist Emotion

Eine meiner Klientinnen war katholische Pastoralreferentin, das ist eine Art Pfarrerin, nur ohne Priesterweihe und Zölibat. Mit ihr waren es meistens Stunden, in denen es etwas zu lachen gab, und ich habe eine ganze Sammlung von ihren Sätzen, die ich mir nach den Stunden aufgeschrieben habe, zum Beispiel: Es spricht für die Stadt Gießen, dass sie einen Feldenkrais-Lehrer ernährt. Oder: Wenn ich im Kopf umschalte, kann ich beim Gehen wieder rollen. Am besten gefiel mir ihre Antwort auf die Frage, wie geht's dir heute: Danke, ich stagniere so vor mich hin.

Kurze Gespräche vor der Bewegungsarbeit auf der Feldenkrais-Liege deuten häufig ein oder mehrere Themen an, die dann nonverbal auf der körperlichen Ebene ihre Bearbeitung finden. Oft hatte ich den Eindruck, dass sie nach den teils tranceartigen, teils hellwachen Zuständen der Stunde klar hatte, wie die nächste Predigt aussehen würde. Am Ende unserer gemeinsamen Stunden leiteten sich regelmäßig aus der nonverbalen Kommunikation komplexe Gedankengänge ab, die in ein Gespräch mündeten, wo wir abschließend sagten: heute haben wir aber wieder schlau gedacht und geredet. Hier ist eine dieser Gedankenserien.

Nach Feldenkrais-Stunden gibt es fast immer eine Kombination von Haltungs- und Stimmungsveränderung. Man sitzt und ist aufrecht, ohne dass es Mühe kostet, diese Haltung zu erhalten. Der Blick ist freier, der Atem hat im Brustkorb und im Becken genügend Raum, und die Füße stehen gut geerdet auf dem Boden. Wenn ein Mensch gut in seiner Achse aufgerichtet ist, wird sein Nervensystem viel weniger durch Haltearbeiten beschäftigt, und das Gespür für Abweichungen von der Achse ist geschärft.

Dies ist eine vorzügliche Hilfe, wenn man sich als Therapeut oder Seelsorgerin in andere einfühlen möchte.
Aus der neutralen Achsenhaltung abzuweichen und sich vorsichtig der Körperhaltung des Gegenübers anzunähern, ist sehr aufschlussreich in Bezug auf die körperliche und emotionale Verfassung des anderen.
Diese Annäherung braucht nicht willentlich zu geschehen, sondern bildet sich indirekt durch den Wunsch, sich in das Gegenüber einzufühlen.
Der Therapeut muss die Abweichungen von der Achse erfahren haben und darin geübt sein, die damit verbundenen Gefühle in sich selbst wahrzunehmen.
Es bleibt immer ein Unsicherheitsfaktor. Niemand wird sich anmaßen, genau zu wissen, was ein anderer gerade fühlt. Der Therapeut könnte aber andeuten, welches seine Wahrnehmung ist und den Klienten fragen, ob er sich darin wieder findet, wodurch sich die Möglichkeit einer neuen Gesprächsebene eröffnet.

Gleichzeitig erlaubt diese Fähigkeit des sich hinein Fühlens, andere aus ihrer vielleicht depressiv gebeugten Haltung *abzuholen* und zu zeigen, wie man leichter in der Welt sein könnte.
Die Spiegelneurone des Klienten können eine unbewusste Imitation der Bewegung des Therapeuten auslösen, der sich aus der eingesunkenen Haltung des Klienten, den er spiegelt, heraus bewegt, sich aufrichtet, die Schultern los lässt und sich Raum für seinen Atem gönnt.
Die Übertragung kann gelingen, wenn es das Aufsuchen einer Haltung ist, in der sich der Therapeut vertraut und wohl fühlt, und wenn im Klienten ein Ansatz von Bereitschaft und Fähigkeit zur Veränderung vorhanden ist. Der Erfolg einer Psychotherapie hat mit einiger Sicherheit auch damit zu tun, wie gut der Therapeut in seinem eigenen Körper zu Hause ist.

Auch wenn man vor einer ganzen Gruppe von Menschen steht, vielleicht bei einem Vortrag oder einer Predigt, ist die Kommunikation keine Einbahnstraße. Ein Vortragender, genau wie ein Musiker auf der Bühne, spürt sehr wohl die Reaktionen seines Publikums, auch wenn es ganz still sitzt.
Es gibt Untersuchungen darüber, dass man bei einer anderen Person sehr viele Öffnungsgrade der Augenlider unterscheiden kann. Genau so wahrnehmbar sind auch minimale Veränderungen in der Körperhaltung, welche durch die innere Haltung oder die momentane Stimmung erzeugt und beeinflusst werden.
Dass diese Art von körperlicher Kommunikation in einer persönlichen Begegnung eine verbale Aussage bekräftigen oder konterkarieren kann, dass Sympathie oder *Abneigung* hier deutlicher ausgedrückt werden als durch Worte, ist offensichtlich.

Im Nachhinein konnte ich nicht mehr nachvollziehen, von wem welcher Gedanke beigetragen wurde, woraus deutlich wird, dass ich mich auch in der Rolle des Feldenkrais-Lehrers in einem gedanklichen Prozess befand und nicht das Wissensmonopol innehatte.

Banale Ursachen körperlicher Probleme und Dialog mit dem beleidigten Körper

Als Schüler setzte ich mich auf mein untergeschlagenes Bein, um hinter dem Pult etwas größer zu sein. Damals war mein *Ich* sozusagen eine *kleine* Ursache mit großer Auswirkung auf die spätere Länge meines Beines.

Im Laufe meiner Berufspraxis sind mir immer wieder solche banalen Ursachen mit heftigen körperlichen Auswirkungen begegnet, die schwer aushaltbare Schmerzen verursachten und oft an der Grenze zur Chronifizierung waren.

Auch wenn diese Ursachen manchmal fast albern klingen, darf man nicht unterschätzen, welche wirklich ernst zu nehmenden gesundheitlichen Effekte sie haben, ganz zu schweigen von der Einschränkung der Lebensqualität.

Hier ein weiteres Beispiel von mir selbst: Vor einigen Jahren gab es einen schönen Sommer. Jedes Mal auf dem Rückweg von meiner täglichen Besorgungsfahrt in die Innenstadt genehmigte ich mir auf dem Fahrrad ein Eis. Zur gleichen Zeit quälte mich ein heftiger Schmerz am rechten Ellenbogen. Das Knochenköpfchen unterhalb des Ellenbogens, das man spürt, wenn man die Arme auf einer harten Tischplatte ablegt, tat unablässig weh.

Ganz feldenkraisisch beobachtete ich mich in meinem Alltag und versuchte herauszufinden, in welchen Situationen diese Stelle gereizt wurde. Jede äußere Berührung löste den Schmerz aus, als wäre die Knochenhaut entzündet. Da an der gleichen Stelle ein Ansatz für die Beugemuskulatur des Handgelenks ist, achtete ich vor allem bei der Einzelarbeit mit Klienten auf meine Bewegungen, da ich häufig genau in diesem Bereich Kraft aufwenden musste.

Auch beim Bedienen der Computermaus spielt dieser Bereich eine Rolle, und ich wusste, dass es für diese Art von Problemen bereits die Bezeichnung RSI – Repetitive Stress Injury – gab. Aber auch das reichte nicht für die Erklärung aus, und vor allem brachte eine Änderung meines Verhaltens keine Besserung.

Eines Tages bemerkte ich auf der Heimfahrt von der Stadt, dass gerade jetzt das Köpfchen am Ellenbogen weh tat. Ich hielt in der linken Hand meine Waffel mit Leck-Eis, und um Kontrolle über den Fahrradlenker zu behalten, berührte ich ihn mit den Fingerspitzen der weit nach vorne ausgestreckten rechten Hand.

In diesem Moment wurde mir klar, dass dies die am längsten anhaltende Dauerbelastung des entsprechenden Muskels mit einem zusätzlich ungünstig langen Hebel war. Durch das Radfahren und den Eisgenuss war meine Aufmerksamkeit so stark von dieser Überbelastung abgelenkt, dass ich mir den Dauerschmerz zuzog.

Was mich aber am meisten faszinierte war, dass mit dem Erkennen der Ursache dieser Schmerz fast umgehend verschwand.

Der innere Dialog, den ich mit meinem Körper führte, sah in etwa so aus: *Tut mir leid, dass ich nicht gemerkt habe, dass ich dich dauernd überbeansprucht habe. Ich werde mein Eis in Zukunft genießen und nicht gleichzeitig Rad fahren. Wenn ich mich wieder so blödsinnig verhalte, mach mich bitte ebenfalls darauf aufmerksam. Wenn möglich früher, dann brauche ich dich nicht so lange zu nerven – oder du mich.*

Einige Jahre später meldete sich der gleiche Ellenbogen, allerdings diesmal an der Ober- beziehungsweise Außenseite. Es war der typische Schmerz, der als *Tennisellenbogen* bezeichnet wird.

Diesmal war ich mit der Lösung des Problems schneller: ich hatte es öfter eilig, die Treppe vom Erdgeschoss nach oben in mein Arbeitszimmer hochzustürmen. Die letzten vier Stufen führten um die Kurve nach links, und mit meinem rechten Ellenbogen stieß ich mich jedes Mal von der Wand ab, um eleganter um die Kurve zu kommen. Diesmal war es tatsächlich eine Reizung der Knochenhaut. Verblüffender Weise ließ auch dieser Schmerz sofort nach, als ich die Ursache erkannt hatte und Besserung gelobte.

Vor einiger Zeit tauchten in meiner Praxis mehrfach Klienten auf, die mit ihrem Nacken und oberen Rücken Probleme hatten. Der Schmerz meldete sich schon morgens beim Aufstehen. Massagen hatten nicht geholfen, und die Orthopäden wussten auch keine Lösung anzubieten.
Ich machte mich gemeinsam mit den Klienten detektivisch auf die Suche nach den Ursachen, und es stellte sich heraus, dass alle die Gewohnheit hatten, vor dem Einschlafen noch im Bett zu lesen. Sie knäulten sich ihr Kissen unter den Kopf, damit sie einigermaßen ins Buch schauen konnten, was gleichzeitig zu einer starken Beugung des Nackens führte.
Die Konzentration auf die Inhalte des Buches hielten sie von der körperlichen Selbstwahrnehmung fern, sodass sie nicht mehr merkten, wie die Nackenmuskulatur permanent gegen die übermäßige Beugung arbeiten musste, um größeren Schaden an den Nervenwurzeln in der Halswirbelsäule zu verhindern. Hinzu kam das Halten des Buches, was sich durch den ungünstigen Hebel des Armes in der liegenden Position ebenfalls auf den Schultergürtel auswirkte.
Meine persönliche Lösung – ich lese auch gerne vor dem Einschlafen – bestand vor einigen Jahren in der Anschaffung eines Bettrahmens mit Motor, der in hoch gefahrenem Zustand das Lesen bequem machte und mich beim Runterfahren in die Horizontale im wahrsten Sinne des Wortes in den Schlaf *sinken* ließ. In einer der ersten Nächte nach der Anschaffung dieses Bettes träumte ich wahrhaftig, ich schliefe auf Wolken.

Ein anderes Beispiel dieser Art war das Schulterproblem einer Musikerin, das zusätzlich einen sozialen Aspekt körperlicher Beschwerden beleuchtet. Sie spielte in einem Orchester die Querflöte, und benötigte täglich mehrere Stunden Übungszeit. Es schien nahe liegend, dass es einen Zusammenhang des Schulterschmerzes mit ihrer Haltung beim Flötenspielen gab.

Ich arbeitete mit ihr an der Differenzierung von Brustkorb und Arm und am Zusammenhang der Nackenposition mit der oberen Brustwirbelsäule. Weiter versuchte ich, mit ihr das Zusammenspiel des Oberkörpers mit dem Becken, sowie die Drehung zwischen Becken und Schultergürtel zu klären, da sich letzteres beim Spielen der Querflöte leicht ungünstig einstellt.

Mitten in diesem eigentlich nonverbalen Dialog begann sie zu erzählen, dass der Schmerz auch auftauchte, wenn sie ihren kleinen Sohn fütterte. Sie saßen am Tisch über Eck, sie hielt ihm den Löffel mit langem Arm vors Gesicht, und er presste die Lippen zusammen. Es war ein täglicher Kampf, bei dem es darum ging, wer von beiden länger durchhielt.

Ich sah es nicht als meine Aufgabe an, die Dynamik zwischen Mutter und Kind zu bearbeiten, aber der körperliche Ansatz hatte dieses zunächst verborgene Thema sichtbar gemacht, und nun konnte sie sich seiner Lösung zuwenden.

Die Ursache des Problems war also nicht ihre Körperhaltung beim Musizieren, und um dies heraus zu finden brauchte es mehr Offenheit und vor allem nicht die Fixierung auf das Symptom, wie es in den meisten vom Gesundheitssystem anerkannten Therapieformen üblich ist.

Oft kommen Klienten mit einer schmerzenden Stelle, die sie mir zeigen, indem sie sie berühren und, ohne es zu merken, darauf herum kneten. Als erstes schlage ich dann vor, die Finger weg zu lassen und erkläre ihnen, wie das Schmerzgedächtnis durch jeden Reiz, der im Zusammenhang mit der Schmerzempfindung steht, bestärkt wird und den Schmerz dauerhafter macht. Es kann durchaus sein, dass eine ungeschickte Bewegung oder eine kleine Prellung der banale Auslöser war, und der Schmerz lediglich durch die wiederholte Berührung am Leben gehalten und im ungünstigsten Fall chronifiziert wurde.

Eine Möglichkeit, mit dieser Ausgangslage umzugehen, ist das *Ent-lernen oder Verlernen* des Schmerzes. Zum Beispiel rege ich sie dazu an, ihre Aufmerksamkeit auf den entsprechenden Körperteil der anderen Körperseite zu lenken, sobald sie den Schmerz empfinden – und keinesfalls ihrem Reflex zu folgen und die schmerzende Stelle zu berühren.
Das Gehirn beschäftigt sich dann mit dem unbeeinträchtigten Körperteil und bestätigt nicht weiter das beleidigte in seinem Zustand.
Natürlich versichere ich mich in solchen Fällen immer, ob das Thema bereits ärztlich abgeklärt wurde und nicht eine vielleicht schwerwiegende organische Ursache zu Grunde liegt.

Mir gefällt die Sichtweise, dass der Körper beleidigt reagiert, wenn wir Dinge tun oder Gewohnheiten annehmen, die uns nicht zuträglich sind.
Wenn ein Mensch beleidigt wird, nennen wir das auch *er wurde gekränkt*. Hier zeigt sich die Verschränkung zwischen Körper und Geist, denn eine längerfristige Kränkung auf der psychischen Ebene wird sich höchstwahrscheinlich auf den körperlichen Zustand auswirken.
Umgekehrt ist es recht wahrscheinlich, dass sich der *beleidigte Körper* nach einiger Zeit auf die Psyche auswirken und Einfluss auf Stimmungen und Antrieb nehmen wird.

Körperliche Gewohnheiten und Bewegungsmuster sind die eine, psychisch und mental beeinflusste Verhaltensweisen die andere Seite der gleichen Medaille.

Die Trennung der Begrifflichkeiten von Körper und Geist, wie sie Descartes postulierte, gilt heute als überholt, da nicht zuletzt die Erkenntnisse der Neurowissenschaften aufzeigen, dass es eine solche Trennung nicht gibt. Natürlich ist es legitim, Teilaspekte zu betrachten, aber sie sollten nicht aus dem Zusammenhang des größeren Ganzen gelöst werden.

Wenn man den Sound einer Bigband als Ganzes wahrnimmt, kann man trotzdem die Aufmerksamkeit auf einzelne Instrumente lenken und dadurch ein größeres Verständnis der Musik erlangen. Wenn einzelne Musiker ihr Instrument nicht ordentlich gestimmt haben, zu laut spielen oder rhythmisch nicht gut integriert sind, dann würde es den Gesamteindruck stören und eine Auseinandersetzung mit dem Bandleader oder der Musiker untereinander zur Folge haben mit dem Ziel, dass der Klang wieder ins Reine kommt.

In ähnlicher Weise ist es für mich deshalb stimmig, stille Dialoge mit meinem Körper oder mit einzelnen Körperteilen zu führen, und es ist kein Hokuspokus, wenn ich eine Antwort erhalte und mein Körper-Ich reagiert.

Mein langes Bein und Musik – Multiple Gründe für eine neue Hüfte

Ich hatte ein kurzes Bein, also besaß ich auch ein längeres. Das gilt bekanntermaßen für viele Menschen, und wird von Orthopäden in einem gewissen Rahmen als normal angesehen. Wenn man beide Beine gleichmäßig belastet und eines davon länger ist, dann entsteht ein Beckenschiefstand, welcher der Wirbelsäule nicht wirklich gefällt, denn dann muss sie ihre schiefe Basis mit einer Krümmung ausgleichen. Das erfordert eine permanente Zusatzarbeit der für die Körperhaltung zuständigen Muskulatur.
Deshalb reagiert unser Nervensystem meistens, indem es das kürzere Bein zum Standbein macht und das andere etwas weiter nach vorne platziert. So wird die Hüfte auf dieser Seite nicht mehr höher gehalten, und die Wirbelsäule hat eine Chance, sich gerade zu richten.
Trotzdem bleibt die Situation statisch sehr unbefriedigend und es entstehen in der Wirbelsäule asymmetrische Haltemuster, die schließlich eine Skoliose, also eine manifeste seitliche und verdrehte Ausrichtung ausbilden werden.
Ein anderer Effekt ist, dass es zu einer Arbeitsteilung zwischen Standbein und Spielbein, kommt, wobei das vorgestellte und damit unbelastete Bein zum Spielbein wird.

Über viele Jahre unterrichtete ich Capoeira. Nahm ich zu Beginn häufig an Fortbildungen und Workshops teil, so beanspruchten die Feldenkrais-Arbeit und der Tanz mit der Zeit so viel Raum, dass ich all meine Weiterbildungsaktivitäten dorthin verlagerte.
Das wirkte sich auf den Capoeira-Unterricht aus, fortgeschrittene Schüler fühlten sich unterfordert, und ich hatte häufig Anfänger zu integrieren, um die Gruppen

überhaupt am Laufen zu halten. Dadurch unterrichtete ich wiederholt die gleichen Bewegungsabläufe, und trotz meines durch die Feldenkrais-Arbeit relativ wachen Körpergefühls demonstrierte ich die Kicks einseitig immer wieder mit dem gleichen Bein – dem Spielbein.

Es bildeten sich mir nur halbwegs bewusste Bewegungsmuster heraus, die ich zwar bemerkte, aber nicht änderte. Es war so ähnlich, wie wenn man das Bügeleisen mit der linken Hand bedienen will und es plötzlich in der rechten hält, ohne gemerkt zu haben, wie es wieder dorthin kam. Ich fühlte mein Repertoire kleiner werden und hielt es nicht mehr für angemessen, Capoeira weiter zu unterrichten.

Den letzten Ausschlag gab, dass mir am Abend nach diesen Stunden mein unterer Rücken ziemlich weh tat. Wie die Rückenschmerzen mit der übermäßigen Beanspruchung des Beines zusammenhingen, wurde mir erst einige Jahre später klar, nachdem mir eine neue Hüfte eingesetzt worden war.

Den Capoeira-Unterricht aufzugeben, schuf Raum für eine neue Aktivität. Mein Sohn war gerade mit seiner Gitarre in die Schulband aufgenommen worden und bekam dort weiter Unterricht. Statt seinen Termin in der Musikschule zu kündigen, dachte ich, da geh ich mal selber hin.

Bei meiner ersten Stunde fragte mich Kai, der als Gitarrist den passenden Nachnahmen *Picker* hatte, *was spielen wir?*

Ich sagte *Das Girl von Ipanema*. Er zog die Brauen hoch. Ich: *Zu schwierig?* Er: *das kriegen wir schon.*

Meine Kenntnisse auf der Gitarre waren auf die fünf Lagerfeuer-Akkorde aus meiner Pubertät beschränkt. Jetzt gab es einen Major Sieben und halb- und ganzverminderte Akkorde, die Finger mussten auf dem Griffbrett unvertraute Plätze finden, die Saiten schepperten unsauber und quietschten beim Wechsel von einem Bund auf den anderen.

Nachdem ich mich durch dieses erste Lied gekämpft und zarte Erfolgserlebnisse hatte, schlug Kai mir didaktisch geschickt ein weiteres Stück vor, bei dem die gleichen Akkorde in anderer Zusammensetzung vorkamen. Er traf meinen brasilianischen Nerv, denn es war wieder eine Bossa Nova, und ich war hoch motiviert und übte wie besessen.

Wenn er theoretische Hintergründe erklärte, berief ich mich darauf, dass mein altes Gehirn die musiktheoretischen Wege noch nicht gebahnt hatte und ich länger brauchen würde, es zu verstehen. Er war ausgesprochen geduldig.

Über zwei Jahre übte ich fanatisch jeden Tag mindestens eine, manchmal mehr als zwei Stunden. Statt nach der abendlichen Arbeit vor dem Fernseher abzuhängen, griff ich mir die Gitarre und lernte.

Ein Instrument zu halten bedeutet immer eine besondere Herausforderung. Man stelle sich den Geiger vor, der seine Violine unter das Kinn klemmt und seinem Nacken über längere Zeit eine Zwangshaltung zumutet. Selbst Pianisten, die einigermaßen symmetrisch sitzen, sind dauernd einseitig mit dem Pedalfuß beschäftigt.

Die Gitarre muss irgendwie auf dem Bein gelagert werden, und es gibt Fußbänkchen und Beinstützen, um das einigermaßen erträglich zu gestalten, aber daran dachte ich nicht.

Meine Aufmerksamkeit war durch meinen Lerneifer und die Umsetzung der Fingergriffe so gebunden, dass ich nicht merkte, wie ich mein rechtes, schon von der Capoeira überfordertes Bein, nach innen klemmte, um darauf die Gitarre spielgerecht zu halten. Es begann weh zu tun.

Dann ließ ich die Hüfte untersuchen, der Arzt diagnostizierte eine Arthrose, aber nach seiner Meinung bestand kein Anlass, etwas zu unternehmen.

Ich bemerkte, wie das Halten des Beines nach innen zu einer so starken Gewohnheit geworden war, dass ich es überhaupt nicht mehr lassen konnte, egal ob ich beim Essen am Tisch saß oder auf dem Hocker an meiner Arbeitsliege.
Es wurde schlimmer, ich konnte meine Hose nicht mehr im Stehen anziehen. Manchmal hörte ich im Hüftgelenk ein lautes Knacken, und beim Spazierengehen kam ich meiner Frau nicht mehr hinterher.
Ein neues Röntgenbild zeigte, dass der Knorpel komplett aufgebraucht war. Ich hatte ihn durch die ständige Muskelanspannung vollends erledigt, denn er konnte sich nach dem Schwammprinzip, das ich weiter oben erklärt habe, nicht mehr regenerieren.

Als ich meinen Gruppenteilnehmern erzählte, dass ich die Sommerferien für eine Hüftoperation nutzen würde, konnten sie es nicht glauben. *Wir haben ja überhaupt nichts gemerkt, und ausgerechnet du als Feldenkrais-Lehrer!*
Diesen Satz hörte ich dann noch ungefähr weitere zweihundert Mal. Der Operateur sagte mir später, so wie der Zustand meiner Hüfte war, hätte ich gut schon ein Jahr früher kommen können. Ich hatte offenbar all meine Bewegungsressourcen mobilisiert, um die Bewegungseinschränkungen des defekten Gelenks auszugleichen. Deshalb hatte es niemand in meinem Umfeld bemerkt.
Als ich zehn Tage nach der Operation mein erstes Abendessen im Speisesaal der Reha-Klinik zu mir nahm, schrieb ich meinem Sohn eine SMS: *ich sitze hier zwischen hundert Hundertjährigen.* Wie ich nach genauerem Hinschauen ein paar Tage später merkte, war wohl die Hälfte meiner Mitpatienten nur unwesentlich älter als ich selbst. Aber bezüglich meiner Fortschritte konnte sich keiner mit mir messen. Ich dachte: *genau, ich als Feldenkrais-Lehrer!*

Ein halbes Jahr später fuhr ich im Winter mit dem Fahrrad meinen Arbeitsweg zu meinem Bewegungsstudio, und einige Pfützen vom letzten Regen begannen zu überfrieren. Das brachte mir in Erinnerung, dass ich in den letzten fünfundzwanzig Jahren mit dem Fahrrad zweimal bei Glatteis gestürzt und auf den Trochanter meiner rechten Hüfte gefallen war.

Das eine Mal kurioser Weise, nachdem ich beim Unterricht erklärt hatte, wie das Hüftgelenk aufgebaut ist, und den Ort, wo sich der Trochanter befindet, mit den Worten erklärte, das sei der harte Knochen außen an der Hüfte, der sehr unangenehm weh tut, wenn man auf einem harten Boden auf der Seite liegt oder gar darauf fällt.

Meine im Glauben jugendlicher Unverletzlichkeit überstandenen Stürze hatten offenbar ebenfalls einen Teil zu dem späteren Defekt meines Hüftgelenks beigetragen.

Interessant war, dass nach der Operation meine Schmerzen im unteren Rücken ganz schnell nachließen. Dort war offensichtlich der Bereich, in dem mein Körper die meisten Überstunden geleistet hatte, um der beeinträchtigten Hüfte auszuhelfen.

8 Tanz trifft auf Feldenkrais

Dance Aware –
eine Verbindung von Feldenkrais und Tanz

Gegen Ende unserer Feldenkrais-Ausbildung ermahnte mich unsere Trainerin Chava, in meiner zukünftigen Arbeit so klar wie möglich bei der Methode zu bleiben und Feldenkrais nicht mit anderen Ansätzen zu verschmelzen.
Viele der Trainingsteilnehmer kamen aus einem Grundberuf, bei dem sich eine Vermischung geradezu aufdrängte, sie waren Krankengymnastinnen, Musiker oder Psychotherapeuten. Mir ging es nicht anders, denn für mich war Feldenkrais ganz offensichtlich eine reichhaltige Ressource für den Tanz.
Hier tauchte es wieder auf, dieses Paradox von Abgrenzung und dem gleichzeitigen Wunsch nach Vermischung. Ich nahm Chavas Aufforderung sehr ernst und unterrichte bis heute reine Feldenkrais-Stunden. Die Tiefe der Arbeit zu durchdringen und zu verstehen, bleibt eine lebenslange und interessante Aufgabe.

Aber auch diese Grenze war semipermeabel. Der Tanz war Teil meiner Identität und würde immer ein bestimmendes Element meiner Arbeit bleiben. Folglich fließen Feldenkrais-Lektionen in meinen Tanzunterricht ein und verhelfen den Kursteilnehmern dazu, neue Wege zu gehen und in ihrer Bewegungsgestaltung klarer zu werden.
Umgekehrt begegnen mir im Tanz Ideen, die Stoff für neue Feldenkrais-Lektionen liefern. Und hatte nicht Feldenkrais selbst seine Funktionale Integration als den Tanz zweier Nervensysteme beschrieben? Für mich war diese Verbindung so zwingend und einfach, dass ich

nicht anders konnte, als diesen Weg ebenfalls zu beschreiten.

Die Teilnehmerinnen meiner Tanzgruppen kommen mit den unterschiedlichsten Stimmungen und Energien aus ihrem Arbeitsalltag. Deshalb beginne ich den Unterricht mit freier Bewegung und lasse ihnen Zeit anzukommen. Sie nutzen diesen Freiraum, sich zu strecken, an der Erde liegend zu sich zu finden oder mit anderen ein paar Worte zu wechseln.
Nach einer Weile hole ich mir ihre Aufmerksamkeit und rege sie an, sich in ein Thema zu vertiefen und damit zu experimentieren. Es ist oft eine intuitive Entscheidung, die mich in der Schatzkiste meiner Bewegungserfahrungen eine passende Intervention finden lässt.
Intuition ist nicht beliebig, sondern findet auf der Grundlage von Kenntnissen, Informationen und Erfahrung statt: sie stellt eine Abkürzung auf dem Weg dar, auf dem sonst alle Möglichkeiten systematisch auf ihre Tauglichkeit für die Situation geprüft oder vorher geplant werden müssten.
Häufig geben die informellen Gespräche zu Beginn der Gruppe einen passenden Hinweis darauf, welche Thematik an diesem Tag den Unterricht bestimmen wird. Oder ich beziehe mich auf eine einzelne Person, die mit ihrem aktuellen körperlichen Ausdruck meine Aufmerksamkeit besonders auf sich zieht. Selbst wenn sich meine Intervention auf eine spezielle Person bezieht, profitieren alle davon, manche melden sogar zurück, dass sie sich direkt angesprochen fühlten, selbst wenn sie nicht die ursprüngliche Adresse meiner Aufmerksamkeit waren.
Nach einer Phase des Experimentierens bearbeite und verfeinere ich das gefundene Thema mit einer Feldenkrais-Lektion, bei der die Teilnehmer auf ihren Matten liegen und den Bewegungsanweisungen folgen. Was vorher mit relativ unbewussten Bewegungen ablief,

taucht nun unter einer völlig veränderten Perspektive wieder auf. Es sind die Langsamkeit und die genaue Selbstbeobachtung, die zu einer neuen vertieften Bewegungsqualität verhelfen und Ideen zu weiteren Variationen liefern.

War zu Beginn der Alltag mit seiner Hektik und Fremdbestimmtheit noch stark präsent, so haben die Teilnehmer jetzt in einen anderen Modus der Wahrnehmung und Gestaltung umgeschaltet.

Eine klassische Feldenkrais-Lektion in *Bewusstheit durch Bewegung* wird üblicherweise damit beendet, dass die Teilnehmer durch den Raum gehen, damit sich die neuen Empfindungen in einer anderen Orientierung zur Schwerkraft verfestigen und in den Alltag mit hinüber genommen werden können.

Beim Dance Aware rege ich die Teilnehmer stattdessen dazu an, mit dem erlangten Körpergefühl weiter zu experimentieren und es in neue und manchmal unerwartete Bewegungen hinein zu entwickeln. Es entsteht ein Tanz an der Erde im Liegen, ganz selbstbestimmt und noch immer mit forschenden Bewegungen und Integrationspausen. Er erweitert sich zur Aufrichtung, zum Sitzen und zum Stehen und geht schließlich in Bewegungen über, die den Raum nutzen und mit mehr Energie und Geschwindigkeit ablaufen können.

Dabei zeigt sich, wie die Bewegungserfahrungen aus der vorangegangenen Lektion weiter wirken und sich in den tänzerischen Variationen erproben und festigen lassen.

Diese Entwicklung bleibt nicht auf die individuelle Ebene beschränkt, sondern mündet schließlich in Kontaktaufnahme und nonverbale Kommunikation in der Bewegung. Es entsteht eine tänzerische Kommunikation mit anderen, oft auch im direkten körperlichen Kontakt.

Beim freien Tanz am Ende einer solchen Einheit ist eine deutliche Veränderung gegenüber dem Eintanzen zu

Beginn spürbar. Das äußert sich in der Qualität der Bewegungen, der körperlichen Geschmeidigkeit, der Variabilität und dem Einfallsreichtum. Der Vergleich fällt fast immer so eindrucksvoll aus, dass er von allen deutlich wahrgenommen und beschrieben wird.

Aus der Feldenkrais-Perspektive stellt dieses kreative Weiterbewegen die Integration der neuen Bewegungsqualität in das vorhandene Selbstbild der Tänzer und Tänzerinnen dar. Die Integration erweitert die potenziellen Möglichkeiten, sodass sie schließlich auch in alltäglichen Situationen bei Bedarf abgerufen werden können. Beispielsweise wurde mir im Laufe der Jahre mehrmals von Beinahe-Unfällen oder Stürzen berichtet, welche durch die größere Bewegungskompetenz glimpflich abliefen.
In einer abschließenden Feedback-Runde richten wir den Fokus auf die eigenen Wahrnehmungen und Erfahrungen, wozu auch die Gefühlsebene zählt. Wir bleiben auf der Ebene der Beschreibung und verzichten auf Bewertungen – auch die der eigenen Person.
Diese Feedback-Runde verstehe ich als Möglichkeit, Erlebtes noch einmal verbal zum Ausdruck zu bringen, um keine unerledigten Dinge mit nach Hause zu nehmen. An einer therapeutischen Aufarbeitung bin ich nicht interessiert.

Bei vielen meiner Kursteilnehmer konnte ich über die Jahre Veränderungen in ihrer Persönlichkeit beobachten, die sie selbst auf diese Arbeit zurückführen. Bei allen Schwankungen zwischen Wohlsein und krisenhaften Situationen, denen jeder ausgesetzt ist, ist das Maß an Selbstbestimmung, die Fähigkeit zur Kontaktaufnahme und zur Abgrenzung oder die Wahrnehmungsfähigkeit für äußere Gegebenheiten und Einflüsse gewachsen.

Bei diesen Menschen aus den unterschiedlichsten Lebensverhältnissen und Berufen, die an diesem Abend zu Tänzerinnen und Tänzern werden, herrscht ein überdurchschnittlich großes Maß an kritischer Selbstzufriedenheit.

Andalusien – das Cortijo de la Loma

Meine Kurse vor Ort liefen gut, ich unterrichtete Wochenend-Workshops in anderen Städten, und nun reizte es mich, einen Ferienkurs im Süden anzubieten. Nur wusste ich nicht, wie.
Da erfuhr ich von der Stellenausschreibung einer pädagogischen Hochschule: sie suchten für das Sportinstitut eine Tanz-Dozentin.
Ich hatte ein abgeschlossenes Sportpädagogisches Studium vorzuweisen, jede Menge Zusatzqualifikationen im Tanz und Unterrichtserfahrung an der Schule. Das Anforderungsprofil in der Ausschreibung stimmte perfekt mit meinen Qualifikationen überein. Es gab nur einen einzigen Haken: ich war keine Frau.
Dass mehr Frauen einen Zugang zum akademischen Betrieb bekommen sollten, fand ich völlig okay. Aber für das Fach Tanz hätte ich es angemessen gefunden, die typische Rollenzuschreibung ebenfalls zu durchbrechen. Alle meine Tanzlehrerinnen, abgesehen von Soto und ein paar wenigen Jazztanz-Egomanen, waren Frauen. Wäre es nicht gut gewesen, an dieser Stelle ebenfalls die Geschlechterrollen zu hinterfragen und durch einen männlichen Lehrer den männlichen Studenten eine Identifikationsmöglichkeit abseits typischer Männerklischees zu bieten und mehr Interesse für den Tanz, für eine bessere Selbstwahrnehmung und mehr Körperbewusstsein zu wecken?
Also bewarb ich mich und lieferte zusätzlich zu meinen Diplomen die Argumente, weshalb ich als Mann diese Stelle bekommen sollte. Aber Gesetz ist Gesetz, die Bürokratie war selbst für die besten Argumente nicht zu erweichen.

Ich wurde mit Bedauern abgelehnt, bekam aber zum Trost das Angebot, Wochenend-Workshops für den Hochschulsport anzubieten. Diese Gelegenheit ließ ich mir nicht entgehen und bald hatte ich einen kleinen Fanclub von Leuten, die sich regelmäßig zu meinen Seminaren anmeldeten.

Aus diesem Kreis von Menschen verhalf mir eine Kursteilnehmerin zu meinem ersten Ferienworkshop im Süden. Sie kannte eine Gruppe von Bewegungslehrerinnen, die ein Sommercamp in Andalusien planten. Sie hatten bereits den Ort und das Datum festgelegt, suchten aber noch nach einem Mann, der in ihrem Angebot die männliche Energie verkörpern sollte. So verhalf mir der Umweg über den Hochschulsport zu meinem ersten Ferienkurs.

Das Cortijo de la Loma war eine über zweihundert Jahre alte Finca *auf dem Hügel*. Ihre weiß getünchten Mauern warfen das helle Sonnenlicht Andalusiens zurück, und von der verblassten, mit spanischem Rot-Gelb gefliesten Terrasse hatte man einen traumhaften Blick hinunter auf das Meer.

Dattelpalmen flankierten das Haus, und in weiterer Entfernung bildete eine uralte Agavenhecke die Begrenzung des großen steinigen Areals. In wenigen Minuten Fußweg erreichte man im Schatten alter Eukalyptusbäume das kleine Fischerdorf mit seinem feinen Sandstrand. Das Dorf schmiegte sich an einen großen Felsen, der phallisch ins Meer hinein ragte.

Wenn man den Blick in weitere Ferne nach Süden richtete, sah man die beiden weichen Rundungen der Picos de los Frailes, der Bruderberge, hoch aufragen.

Es war ein Ort von besonderer Energie, an dem die Elemente ihre ganze Kraft entfalteten.

Die schroffe geröllhaltige Landschaft war durchsetzt mit mineralisch funkelnden Steinen, das Meer erstreckte sich mit glatter Oberfläche bis an den Horizont oder konnte zu wilder Brandung aufgewühlt sein, wenn der Levante mit großer Windstärke Richtung Gibraltar blies. Über Tag warf die Sonne ihr Feuer herunter, und in der

Nacht gaben die Steinstufen vor dem Haus ihre Wärme zurück. Dort war ein guter Platz, um mit einem Glas Tinto de Verano, Sommerrotwein, in der Hand zu den Sternen hoch zu schauen.

Das Seminar fand im Hochsommer statt und es war brutal heiß. Ich ließ meine Kursteilnehmer auf dem leidlich kühlen Steinboden der Sala des Hauses die Übungen machen und war voller Ehrgeiz, so viel wie möglich von meinem Wissen zu vermitteln.
Später wunderte ich mich, dass die Leute nicht nach mehr Freizeit verlangt hatten, aber die große Hitze lähmte jede Eigenaktivität und lieferte wohl die Erklärung dafür, dass sie sich auf alle meine Angebote einließen.

Elke bereitete für uns ein *Essen für Leib und Seele*, kochte zum Frühstück frische Erdbeermarmelade und kultivierte selbst den Joghurt für unser Müsli. Es war keine Frage für mich, dass ich an diesen fabelhaften Ort wieder zurück kommen wollte. Von den anderen Kursleiterinnen war im nächsten Jahr keine mehr dabei, aber ich machte weiter.
In den folgenden Jahren bot ich meine Gruppen an Ostern und später in den Herbstferien an, wenn das Meer noch warm und die Sonne nicht mehr so unbarmherzig heiß war.
Meine Frau leitete Esalen-Partnermassagen an und ergänzte auf diese Weise meine Arbeit. Für unseren Sohn, der von klein auf dabei war, stellte die Umgebung einen idealen Abenteuerspielplatz dar. Mit jedem Jahr erweiterte er seinen Radius um das Haus, ein sichtbares Zeichen dafür, wie er sich entwickelte und reifte.
Auch das Cortijo machte eine Entwicklung durch. Die Zimmer waren nach wie vor mit marokkanischen Stühlen, Betten und Webdecken einfach möbliert, die Wände

weiß gekalkt, und als Schrank dienten Mauernischen und eine Kleiderstange.

Nun wurden sie mit eigenen Duschzellen ausgestattet, es gab keine Warteschlangen mehr vor den beiden Gemeinschaftsbädern. Draußen entstand ein schöner Übungsraum mit Holzboden und Schiebefenstern, die entweder den Wind abschirmten oder eine angenehme Brise durch den Raum wehen ließen.

Dieser Übungsraum war mein Ort für den Workshop. Außerhalb des Übungsraumes war Freizeit, Baden und Schnorcheln im Meer, Essen und das Betrachten der Wolkenfärbungen am Abend.

In nächster Umgebung gab es Ramblas, trockene Flussbetten mit verwunschenen Plätzen darin, es gab massive Felsen am abgeschiedenen Steinestrand. In einem der Täler, die sich zum Meer hinunter zogen, erstreckte sich ein dichter Hain von Kiefern und Fächerpalmen. Auf den Hügeln über dem Meer brachte der Wind die Gräser zum Tanzen.

Als Spielmaterial oder Dekoration waren überall die abgeworfenen vertrockneten Wedel und Gewebefasern der Palmen oder die abgeschälten Rinden der Eukalyptusbäume zu finden, es gab Steine, Tonscherben und Strandgut.

Das alles bot einen idealen Hintergrund für einen Tanz in der Natur, für Performances und Selbstinszenierungen. Auf die Idee, nach draußen zu gehen, den Übungsraum zu verlassen und dies alles zum Tanzen oder für Bewegungsimprovisationen zu nutzen, kam ich nicht.

Erst sieben Jahre später, nachdem ich mit Anna Halprin in Kalifornien gearbeitet hatte, fiel mir wie Schuppen von den Augen, welche fantastischen Möglichkeiten diese Landschaft für eine kreative Arbeit bereit stellte.

Bevor es so weit war, musste ich noch die Erfahrung von zwei Tanz- und Workshop-Reisen der etwas anderen Art hinter mich bringen, die mich an meine Grenzen brachten.

9 Brasilien

Girl von Ipanema – eine Tanzreise nach Salvador da Bahia

Nach der Geburt meines Sohnes hatte ich mehrere Jahre keinen Alkohol getrunken.
Eduardo war ein Brasilianer, der seit vielen Jahren in Deutschland lebte und wunderbare Workshops unterrichtete.
Grundlage dieser Workshops waren die Charaktere der afro-brasilianischen Gottheiten und deren spezifische Tanzbewegungen, wie sie beim Candomblè, einer in Brasilien weit verbreiteten Religion mit afrikanischen Wurzeln, ausgeführt werden. Sie symbolisieren Qualitäten wie Kriegertum und die Transformation des Schwertes zur Sichel, die Verbindung von Süßwasser und verführerischer Weiblichkeit, den Heiler und viele andere Charaktere und boten damit seinen Schülern eine profunde Grundlage zur Identifikation oder zur Erprobung ungewohnter Eigenschaften. Er spielte auch den Berimbau und war ein guter Capoeirista.

Eine meiner Kursteilnehmerinnen stellte den Kontakt zwischen uns her. Wir ergänzten uns ideal mit den unterschiedlichen Energien von Feldenkrais und den brasilianischen Tänzen und mit unserer Art zu unterrichten, sodass wir später mehrere gemeinsame Workshop-Serien gestalteten.
Jetzt aber hatte Eduardo eine Tanzreise nach Salvador da Bahia organisiert, bei der er selbst unterrichtete und zusätzlich die Unterstützung von hoch qualifizierten Lehrern der Kulturuniversität dieser faszinierenden Millionenstadt hatte.
Mit einer Gruppe von fünf Männern und fünfzehn Frauen – mindestens die Hälfte von ihnen war vermutlich in

Eduardo verliebt – starteten wir 1993 von Frankfurt über Brüssel nach Rio. Mitten in der Nacht wurde der Flieger beim Überqueren des Äquators durchgeschüttelt, und am nächsten Morgen kamen wir früh in Rio de Janeiro an.
Jorge, ein Freund von Eduardo ließ uns am Flughafen mit einem Bus abholen, wir sahen im Vorbeifahren das legendäre Maracana Stadion, waren fasziniert von ultramodernen begrünten Hochhäusern, wir kehrten in ein Kaffeehaus aus der Kolonialzeit ein.
Dann erreichten wir den Strand von Ipanema, das Meer, die Promenade mit Sport treibenden Cariocas, wie die Einwohner von Rio genannt werden, Stände mit Trinkkokosnüssen.
Wir überquerten die breite Strand-Avenida und ließen uns in einer der Bars von Ipanema nieder. Ich saß an einem Tisch mit Jorge, und seine Freundin gesellte sich zu uns, eine umwerfende brasilianische Schönheit mit langen braunen gewellten Haaren und dem goldenbronzenen Teint, der in einem der berühmtesten brasilianischen Lieder besungen wird: Moça do Corpo dorado do sol d'Ipanema – Mädchen mit dem von der Sonne Ipanemas vergoldeten Körper ...
Auf den Tisch kamen Caipirinhas – damals kannte in Deutschland noch kaum einer dieses Getränk aus Zuckerrohrschnaps, Rohrzucker, Limetten und gestoßenem Eis, das sich am besten unter tropischer Sonne und in feucht-heißer Atmosphäre trinken lässt.
In meinem Kopf und meinem Körper machte sich eine angenehme Gelassenheit breit, alle Anspannung der Reise und der Reisevorbereitung, der ersten Trennung von Frau und Kind für zwar kurze Zeit aber mit mehreren Tausend Kilometern zwischen uns, fiel von mir ab. Die mehrjährige Alkohol-Abstinenz auch.

Wir bestiegen wieder den Bus, nun auf dem Weg zur Bergbahn, die uns auf den Corcovado bringen sollte.

Corcovado, der Bucklige, der den gigantischen Christus trägt, welcher Rio überragt – und jedes Jahr mehrmals vom Blitz getroffen wird.
Als wir losgefahren waren, ließ sich Jorge vom Busfahrer das Mikrofon geben und stimmte diese unglaubliche Melodie vom Girl von Ipanema an: „Olha che coisa mais linda, mais cheia de graca, ..." – Gänsehaut pur. In diesem Moment war in mich eingedrungen: ich wollte dieses Lied singen können.

Der Blick vom Corcovado hinunter auf Rio, auf den Zuckerhut, die vielen Strände, auf die Favelas, die sich die Hänge hinauf zogen, und weit hinaus auf das Meer; und dann der Rückweg mit der Bergbahn durch tropischen Wald mit den gewaltigen Früchten der Jaca – Jackfruit, die wie genoppte Urgetüme direkt an den Stämmen wuchsen, von all dem konnte ich nicht genug kriegen, und es war der Anfang eines Rausches, der die nächsten zehn Tage nicht mehr enden wollte.
Noch ein kürzerer Flug, und wir waren in Salvador da Bahia angekommen, der ursprünglichen Hauptstadt Brasiliens und der Gegend der ersten Kolonialisierung durch die Portugiesen. Diese Stadt ist ein Schmelztiegel der Hautfarben und Kulturen, der Architektur, der Religionen und der Tänze, und natürlich der Musik.

Die Luft schien von Rhythmen und Klängen durchdrungen, und es brauchte nur das Fell einer Trommel oder eine Gitarre oder sogar nur das Rasseln einer halbvollen Streichholzschachtel, um sie hörbar zu machen.
Einmal fuhren wir in einem öffentlichen Bus, ein paar Jugendliche stiegen ein, kurz darauf brachten sie die Rhythmen von Olodum zum klingen: die Basstrommel mit dem Ellenbogen gegen die Wandverkleidung, andere klopften auf die Polster oder die metallenen Halte-

griffe. Sie hatten aus dem Bus ein komplettes Instrumentarium für den Samba Reggae gemacht.
Wie schon gesagt, diese Tage wurden zu einem einzigen Rausch. Früh am Morgen in den Hotelpool, ein Frühstück mit tropischen Früchten und Kaffee, und kurz darauf mit einer Kolonne von Taxis ins Tanzstudio. Eine Treppe hinauf, umrankt von Bougainvillea, die uns schon auf die Tänze des Afoxé einstimmten. Wir lernten Schrittfolgen und Körperausdruck, schwitzten, hatten Spaß und wuchsen zu einer Gruppe zusammen.
Nach dem Unterricht fuhren wir mit öffentlichen Verkehrsmitteln irgendwohin zum Essen, an den Strand, zu den alten Vierteln der Stadt mit ihren verblichenen und schon wieder aufgefrischten Fassaden, zum Pelourinho, wo nachts ein Gedränge herrschte und fremde Hände von Taschendieben in meiner wohlwissend leeren Hosentasche herum suchten, zu einem Konzert von Olodum mit Samba Reggae, wo das Publikum zu Hunderten in Reihen die Schritte der Vortänzer mitmachte, zur Kirche des Senhor do Bomfim, wo einem die bunten Erinnerungsbändchen mit drei Knoten für drei Wünsche ums Handgelenk geknüpft wurden.
Die Sache mit den Bändchen ist eine durchaus brauchbare Methode, sofern es sich um Wünsche handelt, die irgendeine Chance auf Erfüllung haben.
Jeden Tag verschleißt das Bändchen etwas mehr, bringt mich oder vielleicht auch mein Unbewusstes dazu, an den richtigen Stellen das Richtige zu entscheiden, um der Umsetzung der Wünsche näher zu kommen.
Und wenn es nach einem halben oder ganzen Jahr plötzlich zerschlissen und abgefallen ist, lohnt es sich zu überprüfen, ob die Wünsche, die man mittlerweile fast vergessen hat, Realität geworden sind.
Ich kehrte zurück voller Eindrücke. Mein Flieger landete am frühen Morgen, ich kam mit dem Zug und dem Taxi nach Hause, keiner war da, mein kleiner Sohn im

Kindergarten und meine Frau bei der Arbeit. Ich setzte mich auf das Sofa und konnte mich für mindestens zwei Stunden nicht bewegen, war wie gelähmt, hatte Tränen in den Augen und mein überfordertes Gehirn versuchte, diese überbordenden Eindrücke irgendwie zu ordnen und zu verarbeiten.

Noch mal Brasilien – mein eigenes Projekt

Einer meiner Wünsche an das Bändchen um mein Handgelenk ging in Erfüllung: ich wollte unbedingt noch einmal in dieses Land und in diese Stadt.
Bei meiner zweiten Reise nach Brasilien war, wie sich dann herausstellte, vom Rausch nicht mehr viel übrig. Ich hatte wohl vergessen, mir vom Bändchen die richtige *Qualität* zu wünschen und nicht nur, *dass* ich wieder dorthin wollte.
Aber der Reihe nach. Beim ersten Mal hatte Eduardo die Reise inhaltlich gestaltet und wurde für den organisatorischen Teil von einem Bekannten unterstützt, der in Berlin ein kleines Büro für Brasilienreisen betrieb. Ich nenne ihn Horst.
Horst hatte mitbekommen, dass ich ebenfalls Tanz- und Körperselbsterfahrungskurse unterrichtete und Capoeira tanzte, und er legte mir nahe, dass ich doch auch so eine Reise anbieten könnte, er wolle sich gerne um die Organisation kümmern.
Das brasilianische Fieber hatte mich fest im Griff, und zurück in Deutschland ging ich bald daran, ein Reisekonzept zu entwickeln: Capoeira und Feldenkrais in Salavador da Bahia.
Ich würde vormittags Feldenkrais-Stunden unterrichten, um die körperliche Basis für die fordernden Bewegungen dieses Kampftanzes zu legen, und am Nachmittag würden wir von einem lokalen Capoeira-Meister in seiner Schule in der Altstadt von Salvador unterrichtet werden.
Die Reise sollte durch einen Aufenthalt auf der Insel Boipeba ergänzt werden und anschließend sollte eine Fahrt ins Landesinnere führen nach Lençois. Das war ein Ort in der Chapada Diamantina, einer gebirgigen Gegend wo man wandern und auf Pferden ausreiten konnte, und wo es natürliche Wasserrutschen über blank geschliffene und algenbewachsene Felsen gab.

Vier Wochen sollte die gesamte Reise dauern. Ich entwarf eine ansprechende Ausschreibung und fand genügend Teilnehmer, sodass es im folgenden Jahr losgehen konnte.

Meine Frau war gegen diese Reise, für die sie ihre Sommerferien nicht opfern wollte, und auf alle Fälle wollte sie noch Zeit in Italien verbringen. Ich hatte aber alles schon organisiert und war fest entschlossen auch ohne sie zu fahren. Und falls sie Zeit für sich alleine bräuchte, würde ich meinen Sohn, der gerade sechs Jahre alt geworden war, nach Brasilien mitnehmen. Einen Babysitter würde ich auftreiben, dann könnte sie in aller Ruhe ihre Ferien in Italien verbringen. Das tat sie natürlich nicht und kam mit. Zum Glück.

Die Reise begann katastrophal. Am Flughafen trafen wir nicht den portugiesisch sprechenden Horst, sondern seine zwar fließend portugiesisch sprechende junge brasilianische Frau, die aber leider kaum Deutsch konnte.

Sie war bestens gelaunt und tanzte und umarmte uns vor Begeisterung, weil die Brasilianer am Vorabend gerade Fußballweltmeister geworden waren. Mit ihren geringen Deutschkenntnissen war sie immerhin in der Lage von ihrem Mann auszurichten, er müsse bei seinem sterbenskranken Vater bleiben. Sie war ohne Geld gekommen, und ich sollte ihr den Anteil für die Organisation am besten sofort ausbezahlen.

Ihre beiden Kinder, die als Spielkameraden für meinen Sohn gedacht waren, hatte sie dabei, aber es stellte sich heraus, dass die Kleinen mit ihren gerade mal anderthalb und knapp vier Jahren für diese Absicht viel zu jung waren und statt Entlastung zu bringen noch mehr Aufmerksamkeit einforderten.

Dann begann der Flug, über Sao Paulo nach Rio de Janeiro, ein langer Flug durch eine wegen der Zeitverschiebung zusätzlich verlängerte Nacht.

Ich war voller gespannter Erwartungen, als wir in der Stadt am Zuckerhut landeten und rechnete damit, bald wieder vom brasilianischen Zauber eingefangen zu werden.
Die erste Neuigkeit, die wir am Flughafen erfuhren war, dass die frisch gebackene Weltmeistermannschaft am gleichen Nachmittag landen würde, und wir spätestens am frühen Nachmittag wieder am Flughafen sein müssten, wenn wir nicht durch die Staus auf den Zufahrtsstraßen unseren Weiterflug nach Bahia verpassen wollten.
Der nächste kalte Schreck erwischte mich, als ich beim Geldwechseln erfahren musste, dass es wenige Tage zuvor eine Währungsreform gegeben hatte, die mein Reisebudget für die Ausflüge der Gruppe plötzlich auf weniger als die Hälfte des kalkulierten Betrages zusammen geschmolzen hatte. An mögliche Währungsschwankungen hatte ich bei der Planung keine Gedanken verschwendet.

Kurz darauf trafen wir unsere Stadtführerin für Rio. Sie vertrat einen Freund, den Horst für uns organisiert hatte. Wir konnten uns gut mit ihr auf Englisch verständigen, und sie ließ uns gleich wissen, dass sie leider nicht aus Rio kam und sich dort auch nicht besonders gut auskannte. Zähne zusammen und durch, dachte ich, was sollte ich anderes tun?
Wir nahmen einen öffentlichen Bus in die Stadt und fuhren ohne Plan an den kompletten Stränden Rios entlang bis zur Endhaltestelle am anderen Ende der Stadt. Unsere Reiseleiterin zuckte mit den Schultern, und mir blieb nichts anderes übrig, als von meinem schmalen Budget die Rückfahrkarten zu kaufen.
Als besondere Attraktion führte sie uns dann in eine moderne Vimpy-Bar, wo wir schnell einen Imbiss nahmen und dann eilig zurück zum Flughafen fuhren. Wir hatten weder die Christusstatue auf dem Corcovado zu

Gesicht bekommen, hatten den Zuckerhut nur von Ferne erahnt, und nicht einmal die Weltmeister-Kicker bekamen wir letztendlich zu Gesicht.

Aber das Drama sollte erst richtig los gehen. Nach einer ausgiebigen Wartezeit mit quengelnden Kindern und meiner Frau mit *ich wusste es ja*-Miene bestiegen wir den Flieger und landeten nachts um halb elf in Salvador da Bahia, meiner Traumstadt voller Tanzerinnerungen und kultureller Highlights.
Die versprochenen Taxis, die unsere Gruppe abholen sollten, waren nicht da.
Wir warteten, die anderen Fluggäste hatten den Flughafen inzwischen längst verlassen, und ich drängte unsere brasilianische Reisebegleiterin, ihren Job zu tun, anzurufen und zu veranlassen, dass wir endlich wie vereinbart abgeholt würden. Sie ging telefonieren.
Inzwischen fing meine erste Kursteilnehmerin vor Erschöpfung und Übermüdung an zu heulen. Die amerikanische Teilnehmerin, die in Rio zu unserer Gruppe gestoßen war sagte *I feel that this journey is about confidence*, was so viel hieß wie, dass sie jetzt schon daran zweifelte, ob sie auf dieser Reise genügend Vertrauen haben könnte.
Die Kinder waren zu müde zum Quengeln, es war tiefe Nacht und der Flughafen lag still und verlassen da. Dann endlich kam der Schwager von Horst, Bruder unserer Reiseleiterin mit seinem Taxi, und seine Schwester mit ihren beiden Kindern stieg ein und ehe es mir so recht zu Bewusstsein kam, verschwand das Taxi mit ihnen in der Dunkelheit.

Die Last der Organisation lag nun allein auf meinen Schultern und reduzierte mich zu einem Häuflein Elend, das aber nicht zeigen durfte, wie es sich fühlte, um den Rest der Gruppe nicht auch noch zu demoralisieren. Irgendwie gelang es uns, drei Taxifahrer aufzutreiben, und endlich stiegen wir an unserem Hotel dreißig Kilometer außerhalb der Stadt an einem beliebten Strand aus.

Es war weit nach Mitternacht, und nach mehrmaligem Klingeln und Klopfen öffnete der verschlafene Hotelier und schaute uns entgeistert an: unsere Zimmer seien noch nicht frei, Horst hatte sie aus Versehen erst für den nächsten Tag reserviert. Jetzt fing fast der ganze Rest der Gruppe an zu heulen.

In den Fluren einer kleinen Nachbarpension wurden rasch Matratzen herbeigeschafft, auf denen wir erschöpft für den Rest der kurzen Nacht schliefen. Die kräftige Sonne des neuen Tages weckte uns und ließ die Schatten dieser vergangenen Nacht sehr schnell verblassen. Wir realisierten, dass wir nun offenbar angekommen waren, genossen ein wunderbares Frühstück mit Papayas und Ananas, bezogen unsere Zimmer, und ließen den Reisestress hinter uns.

Zwei Tage blieben uns zum Einleben in die ungewohnte heiße Feuchtigkeit des tropischen Klimas und zur Orientierung in dieser neuen Umgebung. Wir ruhten uns am schönen Sandstrand aus oder stürmten in die Wellen, und ich bereitete mich innerlich allmählich auf den Beginn des Kurses vor.

Meine Feldenkrais-Stunden in einem der Hotelräume brachten Erdung, die Tränen der Erschöpfung waren alle getrocknet und sogar Horsts Frau tauchte wieder mit ihren Kindern auf, um meinem Sohn am Strand Gesellschaft zu leisten.

Dann kam die nächste Herausforderung: den Weg zum Capoeira-Mestre mussten wir aus Budget-Gründen mit dem öffentlichen Bus zurück legen. Das bedeutete eine Stunde Rumpeln und Schütteln, beengtes Sitzen im nicht klimatisierten Bus, wo die Leute sich auf einen frei werdenden Platz nicht einfach hinsetzten, sondern ihn erst im Stehen blockierten und warteten, bis der

Schweiß des Vorgängers von der Sitzfläche verdunstet war. Zudem gab es auf dieser Linie angeblich immer wieder Raubüberfälle.

Wo ich bei der ersten Reise überall Rhythmus und Musik wahrgenommen hatte, war ich nun angstvoll unterwegs, versetzte mich in den Wahrnehmungshorizont meines sechsjährigen Kindes und fand alles nur noch belastend und bedrohlich.

An der Praça da Sè stiegen wir aus, und gleich beim Überqueren der Straße hinter dem Bus mit meinem Sohn an der rechten Hand, riss mich etwas am linken Arm rücklings herum, und während ich versuchte, das Kind zu schützen und nicht zu stürzen, raubte mir ein durchtrainierter Bursche meine Uhr vom Handgelenk weg.

Die Schule von Mestre Curiò hatte einen harten Fußboden, der brasilianisch gelb und grün gestrichen war, an den Wänden hingen Fahnen verschiedener Capoeira-Schulen und Berimbaus, die bogenförmigen Leit-Instrumente der Capoeira mit Kürbissen als Resonanzkörpern. Trommeln in drei verschiedenen Tonhöhen standen an der Stirnseite des Raumes.

Der Mestre verabschiedete gerade seine Klasse von Straßenkindern, die bei ihm zusätzlich zum kostenlosen Capoeira-Unterricht eine allgemeine Bildung erhielten.

Er war ein kleiner dunkelhäutiger, überaus freundlicher und gütiger Mann, und er ging sehr behutsam mit unserer heterogenen Gruppe um. Die Sportlichen bekamen genug Futter, um sich zu verausgaben, die Kinder bekamen kindergerechte Aufmerksamkeit, und auch der übergewichtigen Amerikanerin begegnete er sehr rücksichtsvoll und zuvorkommend.

Wenn man die brasilianischen Capoeiristas am touristischen Mercado Modelo mit ihren akrobatischen Bewegungen, Tritten aus geschlagenen Rädern heraus und

Saltos aus dem Stand gesehen hatte, fragte man sich allerdings, was diese schlaffe Truppe von Europäern bei Mestre Curiò zu suchen hatte.

Abgesehen vom Workshop-Programm wussten wir ohne Reiseleiter nicht, wie wir an die interessanten Orte kommen sollten. Nach zwei Tagen wurde es am Strand fern von den historischen Plätzen Salvadors eintönig, und Unruhe machte sich in der Gruppe breit.
Meine Frau übernahm schließlich die Initiative und telefonierte mit Horst: Wenn er nicht den nächsten Flieger nähme, könne er was erleben. Sie war dabei so überzeugend, dass die Krankheit seines Vaters auf der Stelle bedeutungslos wurde und er zwei Tage später in unserem Hotel ankam.
Er führte die Gruppe in die Stadt, endlich erweiterte sich unser Radius, er führte uns zum Pelourinho, dem zentralen Platz der Altstadt, schäkerte mit den Frauen unserer Gruppe, von denen einige begeistert an seinen Lippen hingen und nahm alles ganz brasilianisch locker. Die Stimmung in der Gruppe entspannte sich zunehmend.
Nun aber begann seine großspurige Art zu nerven, seine demonstrative Lockerheit, mit der er die Brasilianer zu imitieren versuchte, vor allem in Verbindung mit seiner Unzuverlässigkeit. Er war so locker, dass er die Weiterreise auf die Insel Boipeba organisierte, indem er einfach der Gruppe schnell voraus eilte und herumfragte, wo denn das nächste Boot zu kriegen wäre, und ich merkte schnell, dass ich ihm besser immer nur die gerade benötigte Summe unseres Budgets gab, weil er überall gerne sehr großzügig auftrat.
Wir bestiegen das Boot gegen Mittag und freuten uns über reichlich Platz auf den Decksplanken und auf eine Fahrt zwischen mangrovengesäumten Inseln. Aber statt abzulegen, stiegen immer mehr Fahrgäste zu, mit schweren Säcken voller Lebensmittel, mit Baumaterial

und lebenden Hühnern, sodass das Schiff tiefer ins Wasser einsank und der Platz auf den Decksplanken immer enger wurde.
Schließlich legten wir ab, und aus den angekündigten zwei Stunden wurde eine endlose Fahrt mit mehreren Zwischenstopps.
Jedes Mal hoffte ich, dass wir nun ankämen und wurde gleich wieder enttäuscht, dass es noch nicht unsere Insel war. Als nach fünf Stunden die Dämmerung einsetzte, schnell, wie das in den Tropen so ist, wurde ich merklich unruhig. Nach einer weiteren Stunde Fahrt durch die Dunkelheit tauchten in der Ferne ein paar schwache Lichtpunkte auf, und tatsächlich näherten wir uns unserem Ziel, wo wir an einem unbeleuchteten Anleger festmachten.
Kaum war das Boot vertäut, schnappten sich ein paar Burschen unser Gepäck und verschwanden damit in der Dunkelheit. Panik kam in der Gruppe auf. Aber schnell wurde klar, dass sie es nur zu unserer Unterkunft trugen.
Der nächste Morgen machte den Blick frei auf unser schönes kleines Insel-Resort mit Hängematten vor jeder der Schlafhütten und einem offenen überdachten Speisesaal in der Mitte. Es war direkt am Strand gelegen, von wo aus wir einmal sogar Delfine beobachten konnten, wie sie mit Sprüngen durch und über das Wasser pflügten.

Horst war auf der Überfahrt ganz schnell gut Freund mit einem Farmer geworden, der eine Plantage am anderen Ende des Strandes haben sollte. Den müssen wir unbedingt besuchen, der wird uns sicher köstlich bewirten und uns seine Farm zeigen, wir werden so richtig mit einem Einheimischen in Kontakt kommen, das wird sicher ein ganz tolles Erlebnis.
Am frühen Nachmittag brachen wir auf, meine Frau machte sich einen entspannten Nachmittag im Resort,

und ich nahm meinen Sohn mit. Nach einer Stunde durch den weichen Sand am Strand wurde er müde und durfte abwechselnd auf den Schultern der Erwachsenen reiten. Nach weiteren zwei Stunden war immer noch nicht abzusehen, wann wir ankommen würden.
Dann trafen wir auf einen Mann, der dabei war, Taschenkrebse aus dem Meer zu ernten und spaßten, dass die sicher Teil unseres Festessens sein würden. Mit dieser Vermutung lagen wir durchaus richtig.
Nach der nächsten Biegung sahen wir eine ärmliche Hütte, die von Kokospalmen umgeben war, und dort hinauf schickte der Farmer seinen Burschen, um zum Begrüßungstrunk für uns einige Kokosnüsse zu ernten. Die Strohhalme zum Austrinken der geöffneten Nüsse stellten schon einen Luxus in Bezug auf vorhandenes Essgeschirr dar.
Auf den wenigen Plastikstühlen und auf dem Boden liegend ruhten wir uns von dem langen Weg aus, und inzwischen war abzusehen, dass die Sonne bald unterginge. Die Dämmerung ist in den Tropen, wie wir ja inzwischen wissen, sehr kurz. Die Gruppe kam zu der einhelligen Meinung, dass wir nicht im Dunkeln zurück wollten. So blieben die Krebse vorerst am Leben.
Wir entschuldigten uns und verabschiedeten uns vom Farmer. Der schickte seinen Burschen als unseren Begleiter mit auf einen Weg durch das Innere der Insel, der sehr viel kürzer sein sollte als am Strand entlang. Der einzige Mann unserer Gruppe außer Horst und mir hatte eine Taschenlampe dabei – er war der Meinung, dass ein Mann seine *Tools* immer bei sich tragen muss. Die Taschenlampe war sehr nützlich, denn wir mussten in der Dunkelheit über umgefallene Baumstämme balancieren, um mehrere tiefe Gräben zu überqueren. Dabei trugen wir abwechselnd meinen Sohn auf den Schultern.
Als es dann wirklich stockdunkel war, führte der Weg endlose Minuten durch ein knietiefes Wasser, bei dem

ich mich nicht des Eindrucks erwehren konnte, dass irgendwelches Getier an meinen Waden knabberte. Nachdem wir das unheimliche Wasser hinter uns gelassen hatten, blieb Sand in meinen nassen Sandalen haften und bearbeitete meine Füße wie Schmirgelpapier. Endlich tauchte der hell erleuchtete Speisesaal vor uns auf, wo ein leckeres Abendessen und meine entspannte Ehefrau auf uns warteten. Sie hatte glücklicherweise keine Ahnung von unserem Abenteuer, weil sie sich sonst die allergrößten Sorgen gemacht hätte.

Aber die Reise war noch längst nicht zu Ende. Nach den restlichen erholsamen Inseltagen fuhren wir mit dem Bus ins Landesinnere, viele Stunden Fahrt für dreihundert Kilometer nach Lençois, dem Hauptort der Chapada Diamantina.

Horst hatte dort einen einheimischen Bekannten, Carlos, ein liebenswürdiger dunkelhäutiger Brasilianer, der noch nie Lençois verlassen hatte. Irgendwie landete dieser junge Mann in Zimmer und Bett unserer zwanzig Jahre älteren Amerikanerin, was Horst eingefädelt hatte.

Mich hatte der Stress der Reiseorganisation mittlerweile so geschafft, dass ich mit Fieber im Bett blieb und nicht einmal Lust auf die Caipirinhas hatte, die hier in großen Wassergläsern serviert wurden.

Die Beziehung zu meiner Frau war durch den Reisestress mittlerweile auf dem Tiefpunkt angekommen. Wenn mein Sohn nicht dabei war, gifteten wir uns an, Reden war nicht mehr möglich. Sie war genervt von Horsts Machoverhalten, sah alle ihre Ängste und Vorurteile bestätigt, und ich war nicht bereit, meine Naivität in Bezug auf diese Reise einzugestehen.

Die logische Konsequenz hieß Trennung. Schluss, wir würden unsere Beziehung und Ehe hier beenden. Wir würden die restlichen Tage dieser Reise so gut es ging

hinter uns bringen, für das Wohlergehen unseres Sohnes sorgen, aber danach wäre es vorbei mit uns.
Die restliche Gruppe genoss den Ort mit seinen niedrigen weiß- und buntfassadigen Häusern, die karge und gleichzeitig westernartige Landschaft, sie machten Wanderungen und rutschen den Wasserfall hinunter, und dann kam der Tag mit Ausritt.
Von einer nahen Pferderanch waren die Pferde von Stallburschen herbei geführt worden. Die Tiere waren ungeübte Reiter leidlich gewohnt, und die Gruppe bestieg am Ortsrand die Sättel. Ich war selber noch viel zu erschöpft, um mitzukommen, wollte aber beobachten, wie sie losritten.
Kaum hatte sich die Gruppe in Bewegung gesetzt, gab Horst seinem Pferd die Sporen, galoppierte los und wollte zeigen, was für ein toller Reiter er war. Die anderen Pferde fielen natürlich sofort ebenfalls in Galopp, und es sah abenteuerlich aus, wie der Rest der Gruppe auf ihren Sätteln durchgerüttelt und herumgeschleudert wurde und sich nur mit größter Mühe oben halten konnte.
Was war ich froh, dass mir zu Beginn alle Teilnehmer unterschrieben hatten, dass sie an den Ausflügen auf eigene Gefahr teilnahmen.

Als die Tage in Lençois ihrem Ende entgegen gingen, machte Horst den Vorschlag, wir könnten Carlos einladen mit uns nach Salvador zu kommen. Der hätte noch nie das Meer gesehen, und in dem einem Doppelzimmer – dem der Amerikanerin – sei ja auch noch ein Bett frei, es entstünden uns also keine extra Kosten.
Das stimmte zwar für die nächsten zwei Tage, aber dann kam der Abreisetermin der Amerikanerin, und ab da bezahlten wir aus dem knappen restlichen Budget die Übernachtung für Carlos. Der arme Kerl konnte sich nicht einmal ein vernünftiges Essen leisten, er hatte kein eigenes Geld für die Rückfahrt nach Lençois und

obendrein Liebeskummer. Wir gaben ihm sein Essen aus und versorgten ihn mit Fahrgeld. Horst, der das zu verantworten hatte, war bei unserer Rückkehr nach Salvador zu seiner Familie entschwunden und ließ sich nicht mehr blicken, bis wir das Land verlassen hatten.

Als wir die Reise verdaut hatten, kam die Beziehung mit meiner Frau wieder ins Reine.

Caipirinha mag ich immer noch, und, wie wir schon wissen, war das Girl von Ipanema mein erstes Stück, das ich auf der Gitarre lernte.

10 Tanz in der Natur

Anna Halprin – Tänzerin und Lehrerin

Ein Jahr später, im September 1995 saß ich in einem Theater in Freiburg. Auf der Bühne zeigte Anna Halprin eine Performance über ihren Weg zum Tanz. Darin hatte sie die Geschichte ihrer Kindheit verarbeitet. Sie zog das Publikum in ihren Bann und nahm es mit auf eine Achterbahn von Gefühlen, ließ uns den tanzenden Großvater mit seinem weißen langen Gebetsschal erleben und die Liebe, die von diesem kleinen Mädchen zum Großvater ausstrahlte.
Wir rieben uns die Augen als wir sahen, wie sie als fünfundsiebzigjährige Frau die Bewegungen eines kleinen Mädchens verkörperte. Anschließend schaffte sie es mühelos, das gesamte Publikum in Bewegungen und in Gefühle zwischen freudigem Erschrecken und lautem Gelächter zu versetzen. Sie war sowohl in ihrem körperlichen Ausdruck wie auch in ihrer Sprache so klar, dass es eine Freude war, sich davon forttragen zu lassen.

Am nächsten Morgen begann ihr Workshop in einer großen Schulturnhalle mit zweihundert Teilnehmerinnen, darunter etliche Männer. Mit ihrer Präsenz und ihrer Klarheit strukturierte sie mit Leichtigkeit diese große Gruppe.

Gemeinsam mit ihrem Mann, dem Landschaftsarchitekten Laurence „Larry" Halprin, hatte sie ein Modell für die kollektive Kreativität entwickelt, das R S V P Cycles genannt wird. *Ressourcen, Score, Valuaction, Performance.*

Es beginnt mit den *Ressourcen,* dem Sichten, Sammeln und Benennen von Inhalten, die Teil des Gruppenprozesses sein sollen.
Es folgt die Phase des *Score,* der Auflistung der Inhalte. Sie werden niedergeschrieben oder bildlich skizziert und bilden den Plan für die Vorgehensweise in der Performance.
Valuaction ist eine Wortverbindung aus *Evaluation* und *Action.* Hier geht es um die Durchführung des S*cores* mit einer gleichzeitigen Überprüfung dessen, was funktioniert oder wo es Änderungen oder weitere Absprachen braucht. Der Plan ist jedoch nicht festgelegt, er bleibt offen für Veränderungen, und selbst während der
Performance, also dem Akt der Präsentation vor einem Publikum, lässt er Raum für freie Ausgestaltung.
Diese Offenheit stellt einen wesentlichen Unterschied zu einer Choreografie dar, bei der keine Änderungen mehr erwünscht sind, sondern wo es um die präzise Ausführung der Intentionen eines Choreografen geht.

Auf der Grundlage dieses Konzepts erarbeitete Anna Halprin mit einer Gruppe von schwarzen und weißen Tänzern 1969 die Performance „Ceremony of Us", bei der es um die Verarbeitung von Lebenserfahrungen im Kontext der Rassenkonflikte ging. Auch die Arbeit mit Krebs- oder Aidskranken war ein wichtiger und eindrucksvoller Bereich ihres Schaffens mit diesem offenen Konzept.

Nun stand sie in dieser Turnhalle und gab Aufgabenstellungen, bei denen jede Teilnehmerin, zunächst für sich allein, mit Bewegung, mit dem Malen von Ganzkörper-Selbstportraits und mit Fantasiereisen experimentierte und sich darüber ihre individuellen Themen erschloss.

Die Ergebnisse dieser Selbsterforschung setzten wir in kreative Gestaltungen um und führten sie uns in Kleingruppen gegenseitig vor. Die Bilder mit den Selbstportraits hefteten wir an die Wände, sodass aus der nüchternen Turnhalle ein persönlicher Raum wurde.
Anna hatte Trommler mitgebracht, die mit ihren Rhythmen dazu beitrugen, dass die gesamte Gruppe als tänzerische Einheit agierte. Wie bei einer Polonaise bewegten wir uns mit verrückten oder ekstatischen Bewegungen durch die Gasse, die vom Rest der Gruppe gebildet wurde, und Anna mit ihren weißen Tanzkleidern war mitten dabei, hielt diese Parade am Laufen und zeigte mit ihren kraft- und ausdrucksvollen Bewegungen so manchen Jüngeren, wie viel Energie mit diesem Tanz freigesetzt werden konnte.
Und natürlich unterrichtete sie auch Elemente des Movement Rituals.

In einer Pause ging ich zu ihr und sagte, Soto hätte ihr angekündigt, dass sein Freund Claus am Workshop teilnehmen würde. Ich sei Claus.
Ihre Reaktion verblüffte mich, sie sagte: Ja, ich weiß, und ihr Feldenkrais-Leute seid einfach großartig in euren Bewegungen. Sie behielt selbst bei dieser großen Teilnehmerzahl den Überblick.
Das zeigte sich auch später, als sie für einige Teilnehmerinnen individuelle Heilungsrituale innerhalb des großen Kreises der Gruppe durchführen ließ.
Egal ob jemand Krebs hatte oder ein schwieriges Verhältnis zu seinen Eltern, immer ging es um die künstlerische Verarbeitung des Themas vor dem Hintergrund der Gemeinschaft.
In die größere Einheit eingebunden zu sein und von den anderen gestützt, wahrgenommen und gesehen zu werden, war die Basis dieser Rituale.

Soto hatte einmal gesagt:

Wovor wir uns am meisten fürchten ist,
gesehen zu werden.
Und.
Was wir uns am meisten wünschen ist,
gesehen zu werden.

Zwei Jahre später bot sich mir die Gelegenheit, nach Kalifornien zu reisen und an einer Gruppe erfahrener Tamalpa-Absolventen teilzunehmen. Anna hatte ihr Institut und ihre Ausbildungen nach dem Mount Tamalpais benannt, dem höchsten Berg eines Naturreservats, das nördlich der Golden Gate Brücke gelegen ist.
Dort in der Nähe bewohnte sie ein Haus, das ihr Mann Larry in ein großes naturbelassenes Grundstück mit alten Redwood-Bäumen wunderbar hinein geplant hatte. Die Holzterrassen, die das Haus umgaben, fügten sich harmonisch in die Gegebenheiten des Geländes ein, ohne die Natur zu stören. Vor dem Haus befand sich das große Tanzdeck, das er für Anna konstruiert hatte, und auf dem Generationen von Tänzerinnen und Tänzern Erfahrung mit ihrer Arbeit gemacht hatten.

Es war meine erste Reise nach Amerika. Obwohl ich als Student schon abenteuerliche Reisen gemacht hatte und die Brasilienreise gerade zwei Jahre zurück lag, war Amerika für mich auf irrationale Weise angstbesetzt. Mir machten die vierstelligen Hausnummern Sorge, wie riesig mussten diese Straßen sein, würde ich mich dort zurechtfinden?
Soto holte mich am Flughafen ab und wir fuhren direkt nach Down Town San Francisco, wo wir in einer schrägen Kneipe, in der auf großen Bildschirmen Wrestling-Kämpfe gezeigt wurden, ein großes dünnes Bier tranken.

Der Jetlag machte für mich alles unwirklich, aber Soto meinte, lange wach zu bleiben sei der beste Weg, mich in die neue Zeitzone einzuleben.
Früh am nächsten Morgen wachte ich auf. Alles schlief noch und draußen war es schon hell, sodass ich beschloss aufzustehen und die Gegend zu erkunden. Der Randbezirk von San Anselmo, wo Soto lebte, wirkte mit seinen kleinen Häusern dörflich, was darüber hinweg täuschte, dass Marin County zu der Gegend gehörte, in der die Mitarbeiter von Hochtechnologie-Unternehmen mit ihren hohen Einkommen bewirkten, dass die Mieten von Jahr zu Jahr höher stiegen.
Die Umgebung kam mir seltsam vertraut vor, bis ich merkte, dass es die Bilder aus amerikanischen Filmen waren, die in mir einen Wiedererkennungseffekt auslösten. Dann entdeckte ich den banalen Grund für die hohen Hausnummern, nämlich dass es zwei Ziffern für die Nummerierung der Blocks gab, und die restlichen zwei Ziffern waren die Hausnummer. Alles halb so wild.
Ich stieg einen Hügel hinter der Siedlung hinauf, dort gab es einen Friedhof, einige Schritte weiter öffnete sich der Blick auf die San Francisco Bay und weit in der Ferne war ganz klein die riesige Bay Bridge zu erkennen, die hinüber nach Berkeley führt.
Bis zum Beginn des Workshops hatte ich noch ein paar Tage Zeit, in denen mir Soto seine Stadt zeigte, und ich die Wirkung eines echten kalifornischen Joints genießen durfte. Zum ersten Mal aß ich Sushi.

Dann brachte er mich zu dem Treffpunkt, wo mich eine der Teilnehmerinnen mit ihrem Auto auflesen wollte. Der Workshop sollte in Sea Ranch stattfinden, gut zwei Autostunden nördlich von San Francisco direkt am Pazifik.
Der Weg dorthin führte durch San Louis Obispo, den Ort, wo Hitchcock seine *Vögel* gedreht hatte. Dann wie-

der gab es über Meilen nur Landschaft zu sehen und sehnsüchtig machende Ausblicke auf die Weite des Pazifiks. *Stairway to Heaven* von Led Zeppelin war eines meiner Lieblingsstücke, und hier kam es über mich, das Gefühl von Sehnsucht, das diese Zeile auslöste: *there's a feeling I get, when I look to the west, and my spirit is crying for leaving.*

Sea Ranch lag in einer Gegend, die ursprünglich von Pomo Indianern bewohnt wurde. Larry Halprin hatte das Konzept für eine naturnahe Erschließung dieses Küstenabschnitts entwickelt, es gab nur ganz weit verstreut liegende unauffällige Holzhäuser, die dem Charakter der Landschaft nichts anhaben konnten.
Allerdings war im Hinterland auch eine Landebahn versteckt, wo die reichen Südkalifornier mit ihren Privatmaschinen ankamen, wenn sie ihr Wochenende in der Natur verbringen wollten. Bis auf einen einzigen öffentlichen Zugang zum Meer waren alle Strände in Privatbesitz und nur für Residents zugänglich, also für die offiziellen Bewohner der Gegend.
Ich war hin und hergerissen zwischen meiner Bewunderung für die großartige Landschaft und dieser amerikanischen Landbesitzer-Mentalität, die für jeden Außenstehenden die Freizügigkeit beschnitt, auch nur spazieren zu gehen.
Umso schlimmer fand ich diesen Aspekt amerikanischen Landrechts, als wir im Rahmen des Workshops in einem Pomo-Dorf zu Besuch waren, das mit seinen Schrottautos und heruntergekommenen Hütten das beschämende Sozialgefälle zwischen den Besitzenden und den Ureinwohnern sichtbar machte.
Als Mieter zweier großer Ferienhäuser galten wir Workshop-Teilnehmer als Residents und hatten deshalb alle Freiheiten, uns in der Gegend ohne Einschränkungen aufzuhalten.

Für den Workshop waren lauter Profis zusammen gekommen, Tänzer, Schauspieler, ein Kameramann, Körpertherapeuten, Tanzpädagogen.
Wir waren mit Anna Halprin insgesamt achtzehn Teilnehmer plus zwei Hunde. Zehn Frauen, acht Männer, acht Nichtjuden, zehn Juden. Das alles wurde am ersten Abend mit erfrischender Lockerheit ausgetauscht.
Anna sagte *this is not a workshop, it's a gathering* – eine Zusammenkunft.
Sie brachte sich als Teilnehmerin ein, nicht als Leiterin, obwohl ihre Erfahrung und natürliche Autorität die gemeinsame Zeit prägte.
Von Beginn an waren die Aufgaben verteilt, nicht nur die Küchen- und Reinigungsdienste lagen in der Verantwortung mehrerer Personen, sondern auch die Gestaltung der Inhalte dieses *Gatherings*, auch wenn Anna letztlich die Akzente setzte.
Wir begannen mit dem Malen eines Selbstportraits auf großflächigem Papier, und schrieben anschließend nieder, was wir in dem Bild sahen.

Ich schwebe in der Luft, habe keinen Grund unter mir. Meine Füße sind babyhaft eingekrallt. Meine Augen scheinen die einzig entwickelten Sinne zu sein. Im oberen Brustkorb muss noch viel Raum ausgefüllt werden. In der Kehle sitzt ein grüner Frosch, das ist die Art, wie mein Vater immer hustet. Die äußere Umgebung dringt in die Körpergrenzen ein. Auffällig ist die Beziehung zwischen dem unteren Rücken und dem Nacken: Babies entwickeln die Form ihrer Wirbelsäule aus einer gebeugten Haltung heraus – ein zarter Vorgang. Fast kein Gesicht!

Jemand schlug vor, wir sollten unsere Bilder draußen auf der Wiese für die anderen tanzen und zum Leben bringen. Ich kam an die Reihe, setzte mich, hielt die Beine in der Luft, spielte mit meinem Blick, krümmte

und wand mich auf der Erde um schließlich in einer Art Kopfstand anzukommen. Damit endete meine Gestaltung, und mir strömten Tränen übers Gesicht. Die vielen Eindrücke der vergangenen Tage bahnten sich einen Weg, brauchten einen Ausdruck.
Seit meiner Ankunft war mir niemand vertraut genug, um mich mitzuteilen. Meine Kehle war mit dem grünen Frosch verstopft. Jetzt wurde ich gesehen, war voller Freude und realisierte: Ich bin hier. Ich bin hier. Ich sprang auf, rannte über die Wiese und rief *I am here*. Ich war angekommen.

Wir gingen zu einem der Strände. Ein Sturm der vergangenen Tage hatte Unmengen von Strandgut angeschwemmt: Treibholz, Seegras und die dicken Schläuche entwurzelten Seetangs, Muschelbruchstücke und Federn.
Der Score war sehr offen und lautete: eine Stunde ohne Plan und mit wachen Sinnen. Ich ging umher und sammelte Eindrücke, hörte das Rauschen der Brandung und sah das Meerwasser gegen die Felsen schlagen. Die dicken Seetangschläuche waren mir eklig, ich mied das Organische und fühlte mich nur wohl auf Sand oder Fels.
Ich legte mich rücklings über einen Felsen und ließ den Kopf nach unten hängen, so drehte sich für mich die Welt auf den Kopf, ich sah das Meer oben und den Himmel unten. Um meine Augen gegen die Sonne abzuschirmen, musste ich meine Hand *unter* die Augen halten.
Aus dem Augenwinkel nahm ich wahr, wie einige begannen, einen Platz vom Treibgut zu säubern und mit Holzstückchen zu begrenzen, die sie senkrecht in den Sand steckten. Mir war der Zeitpunkt dafür zu früh, muss der Mensch immer gleich in die Natur eingreifen und seinen Siedlungsplatz befestigen? Ich wollte nicht bewerten, hielt mich abseits, ohne mich jedoch vom

Rest der Gruppe zu distanzieren. Ich wurde zum Späher der Gruppe, der die Umgebung im Auge behielt.
Der Platz wurde immer geordneter, es kamen Federn als Schmuck hinzu, und dann begann eine der Frauen, die anderen mit Seetang zu dekorieren. Man konnte dieses eklige Zeug also anfassen; und dann überwand ich selber diese Schwelle. Damit zu spielen fühlte sich überraschenderweise völlig natürlich an.
Ich fand ein Stück Seetang, dessen Ende wie ein überdimensionaler Phallus aussah und konnte nicht anders, als ihn demonstrativ vor mir herzutragen. Eine der Frauen nahm mit mir, also mit diesem Riesenpenis Kontakt auf, sodass es mir richtig peinlich wurde. Ich bekam Unterstützung von einem der Männer, er nahm mir den Phallus aus der Hand, hielt ihn zwischen meinen Beinen hindurch und gab ihm ein von mir scheinbar unabhängiges Eigenleben.
Das war mir nicht weniger peinlich, lag nun aber nicht mehr einzig in meiner Verantwortung. Wir spielten dieses rituelle Spiel zu dritt mit großer Ernsthaftigkeit, verzogen dabei keine Miene, und ich hörte, wie die anderen über die Skurrilität der Situation immer wieder in schallendes Gelächter ausbrachen.

Nach dem Abendessen gab es eine Gesprächsrunde, bei der wir die Aktionen vom Strand Revue passieren ließen, und Anna fasste zusammen, was sich ereignet hatte. Ich fand es beeindruckend, wie genau sie beobachtet hatte, und wie ihre Zusammenfassung eine vollständige Auflistung des Geschehens enthielt und zugleich ordnend war.
Sie benannte die Übereinstimmungen mit dem Plan und wo wir davon abgewichen waren. Sie zählte auf, welche Ressourcen genutzt worden waren: gehen, klettern, heben, schleppen, tragen. Materialien, die ins Spiel kamen wie Treibholz, Seegewächse, Federn, Steine, Sand.

Die Beobachtung, wie sich Menschen und Landschaft im Verlauf des Scores zu vermischen begannen.
Wie Einstiege für andere bereitgestellt wurden, sodass gemeinsame Aktionen entstehen konnten: Material schleppen, Stöcke werfen, ins Wasser gehen.
Wie sich ein anthropologisches Szenarium entwickelte.
Dass in sexuellen Ritualen normale Hemmungen abgebaut und zurückgehaltene Energie freigesetzt würden.
Wie sich Hierarchien herausbildeten und Konflikte entstanden.
Ich verstand, wie wichtig es war, vollständig zu sein und auch weniger wichtige Dinge zu benennen: sie bilden den Teppich für das besondere Muster der Handlungen.

Wir entwickelten das Material über mehrere Tage und wurden durch die gemeinsame Aktion als Gruppe immer vertrauter. Verschiedene Aspekte bekamen Bedeutung und verlangten nach Bearbeitung: so wurde nach einigen Tagen klar, dass wir Männer einen eigenen Score brauchten, um unsere Identität innerhalb der Gruppe zu klären.
Am nächsten Tag teilten wir die Gruppe in Frauen und Männer auf. Mit unserer Männerarbeit am Strand waren wir nicht sonderlich zufrieden, es gab zu viele Einzelaktionen, aus denen sich keine gemeinsame Linie entwickelte, aber die abendliche Feedback-Runde erzeugte ein gegenseitiges Verstehen und brachte uns näher zusammen.
Nun, da wir plötzlich als Männergruppe eine Identität hatten, begannen die Frauen, einige von uns zu schminken und Fingernägel zu lackieren. Sie legten uns ihre Kleider zur Auswahl hin, und alle machten mit, es wurde eine große Drag Queen Party. Einer der Männer war schwul, rasierte seine Beine und hatte sein Coming Out als Frau.

Zum Abendessen erschienen nur *Frauen.* Wir Männer stellten uns der Gruppe vor und erzählten unsere erfundenen weiblichen Lebensläufe.
Ich spielte eine geschiedene Frau, die vom Geld ihres Exmannes lebte und eine kleine Kunstgalerie aufgemacht hatte; auf den Fotos später erkannte ich mich kaum wieder. Ich wusste, dass einige der Männer schwul oder bisexuell oder was immer waren, aber nicht, wer. Die Verkleidung machte alles noch undurchsichtiger, und für unser Rollenspiel spielte es keine Rolle.

Am nächsten Tag erzählte mir einer der Männer, Jeff, wie er seinen Freund und Partner in seinen Armen gehalten hatte, als dieser an Aids starb.
Das öffnete bei mir eine große Tür: All diese Vorurteile und Ressentiments, von denen ich oft nicht einmal weiß, dass sie bei mir existieren, konnten wie große Luftblasen an die Oberfläche kommen und sich auflösen. All diesen Menschen hier fühlte ich mich unendlich verbunden, egal welcher Religion sie angehörten oder welche sexuelle Orientierung sie hatten.
Ich hatte wie zu Beginn meines Feldenkrais-Trainings erneut eine Ahnung davon bekommen was es heißt, Vorurteile im direkten Kontakt mit den Betroffenen zu erkennen, und wie heilsam es war, dies zu spüren und auszusprechen.
Anna tanzte an diesem Abend Wange an Wange mit mir und erzählte mir dann, wie sie selbst diese Erfahrung bei ihren Projekten mit Schwarzen gemacht hatte. Sie sagte, im Talmud stünde, dass dem Einzelnen vergeben werden könne, auch wenn die große Schuld bleibt.

Ein anderer aus der Gruppe, ein Amerikaner, dessen Verwandte aus Österreich stammten und teilweise im Holocaust ums Leben gekommen waren, hatte das Bedürfnis mir zu sagen, dass es ihm leid tue, dass mein

Vater im Krieg erblindet war. Es war eine symbolische Aussage, die ich als ein großes Geschenk empfand.

Wenn ein Tier in einer fremden Umgebung ausgesetzt wird, sucht es zuerst Deckung, dann erkundet es von diesem Platz aus die Umgebung und kehrt an den geschützten Ort zurück. Allmählich erweitert es seinen Radius.

So ähnlich ging es unserer Gruppe. Zu Beginn hielten wir uns nah bei unserer Unterkunft und am gut zugänglichen Strand auf. Nach einigen Tagen erweiterten wir unser Revier und brachen nach Moon Rocks auf.

Das war ein Küstenabschnitt mit glatt gespülten Felsformationen aus Sandstein, die merkwürdige, sandrosenartige Einschlüsse enthielten und den Eindruck vermittelten als befände man sich auf der Oberfläche des Mondes.

Dort wollten wir über mehrere Tage einen *Still Dance* erarbeiten, eine Selbstinszenierung in der Art eines Stilllebens.

Die vergangenen Tage hatten mich aufgewühlt, es gab so viele neue Erfahrungen einzuordnen, die ihren Platz in mir noch nicht gefunden hatten. Ich glaubte, ich müsste für meine Arbeit eine großartige, besondere Stelle finden, irrte durch die Landschaft und konnte mich nirgendwo entscheiden zu bleiben.

Ganz vorne am Wasser rollten mächtige Wellen gefährlich gegen ein steinernes Becken, in dem das Wasser mehrere Meter hoch anstieg und sich dann mit einem starken Sog zurückzog. Die Brandung war ohrenbetäubend. Niemand konnte mich hören, als ich mit meiner Unzufriedenheit gegen das Meer anbrüllte. Später schrieb ich auf:

Meer, du gibst mir Antwort
und schleuderst eine riesige Welle gegen den Fels.
Die Gischt schreit im Wind.
Ich weine, Bitterkeit würgt meine Kehle.

Die Zeit verstrich, und ich entschied mich notdürftig für eine unscheinbare Wanne mit schroffen Rändern, die das Regenwasser in ungezählten Jahren aus dem Sandstein heraus gehöhlt hatte.
Ich zog meine Kleider aus, begann mich zu bewegen, schmiegte mich in die steinerne Form der Wanne und kam endlich zur Ruhe.

Mein einsamer Körper sucht Geborgenheit.
Du, mein Platz, reibst wie Sandpapier auf meiner Haut.
Hinderst meinen Kopf daran, weich zu ruhen.
Du bietest mir Schutz vor dem reißenden Wind.
Gibst mir Schatten.
Zeigst mir Ausblicke.

Mein Platznachbar war Jeff, und seine Rückmeldung tat gut. Ich brauchte keinen großartigen Ort, sondern die innere Bereitschaft meinen Platz zu nutzen, egal wie unscheinbar er war. Mein imaginierter Dialog mit der Umgebung verhalf mir dazu, Erkenntnisse über mein Selbst zu gewinnen und mit meinen Gefühlen in Kontakt zu kommen.
Der nächste Schritt bestand darin, einen künstlerischen Ausdruck zu finden und meinem inneren Material eine Form zu geben. Jeff übernahm die Funktion des Blickes von außen und sorgte dafür, dass die Zuschauer später meine Darstellung aus der richtigen Perspektive betrachten würden.
Indem ich zu meinem Ausdruck fand, konnte ich zur Identifikations- oder Projektionsfläche für das Publikum werden. So wie ein Maler seine Bilder nicht erklären muss, war es nun nicht mehr meine Aufgabe, meine Darstellung zu rechtfertigen oder zu interpretieren; ich konnte darin einfach *sein*.

Tanz in der Natur

Nach dieser Erfahrung in Kalifornien nahm ich jede Gelegenheit wahr, die Natur als Spielraum mit einzubeziehen. Um Gießen herum gab es zwar keinen Pazifik, aber Wälder mit verwunschenen Plätzen, zu denen ich alleine oder auch mit meinen Gruppen ging. In Andalusien hieß mein nächstes Seminar *Tanz in der Natur und Feldenkrais*.
Ich bezog mich in meinen Ausschreibungen auf Anna Halprin, erwähnte die Möglichkeit, mit Körperfarben zu experimentieren und sprach von Selbstinszenierungen an Naturplätzen. Nicht allen meiner Seminarteilnehmerinnen war bei der Anmeldung wirklich klar, worauf sie sich da einließen.
Für den Verlauf des Workshops wählte ich ein unspektakuläres und sich allmählich steigerndes Konzept, brachte die Teilnehmer in Bewegung, bot Inhalte an, bei denen sie sich miteinander vertraut machen konnten und bahnte den Weg aus dem geschützten Tanzraum hinaus ins Freie.
Die Natur Andalusiens tat ihr Übriges, manchmal war mehr die Natur der Lehrer, und ich fühlte mich als ihr Assistent.
Wenn es gegen Ende des Seminars darum ging, sich die erarbeiteten Selbstinszenierungen gegenseitig vorzuführen, war ich überrascht und erfreut zu erleben, mit welcher Selbstverständlichkeit nun Körperfarbe großflächig aufgetragen wurde, Naturmaterial zur Dekoration benutzt wurde oder wie manche Körper in ihrer Nacktheit mit den ausgewählten Plätzen verschmolzen.
Obwohl ich den Gruppenprozess im Auge behalten musste und als Coach im Gelände von einem zur nächsten wanderte, ließ ich es mir nicht nehmen, meine eigene Performance zu zeigen. Es blieb mir für gewöhnlich wenig Zeit, meine Darstellung gründlich zu

planen, und so agierte ich meistens kurzentschlossen und spontan.

In einem Jahr organisierte ich im Frühsommer ein Seminar am Gardasee. Kurz vor der Abreise erfuhr ich, dass ein guter Freund, der auch eines unserer dreijährigen Soto-Trainings mitgemacht hatte, an seiner schweren Krankheit viel zu früh verstorben war. Es war mir nicht möglich, mich von ihm zu verabschieden, aber ich wollte am Tag seiner Beerdigung an ihn denken.

Der Workshop nahm einen ungewöhnlichen Verlauf, wir waren mit dem Erarbeiten der Performances ganz unerwartet zwei Tage früher fertig als geplant und beschlossen, mit der Energie zu gehen und das gegenseitige Vorführen nicht aufzuschieben.

Für die Erarbeitung der Stücke hatte ich eine Schlucht ausgewählt, durch die ein lebhafter Bach zwischen massiven Felsblöcken sein Wasser ergoss.

Früher war dieses Tal auf eine frühindustrielle Weise zur Papierherstellung genutzt worden. Im unteren Teil standen die Ruinen der alten Papierfabriken, während im Oberlauf nur noch wenige Spuren der früheren Nutzung zu erahnen waren. So gab es in einigen der Felsen verwitterte vierkantige Löcher, die vor vielen Jahren hineingeschlagen worden waren, um Holzbalken für das Aufstauen des Wassers aufzunehmen.

Ich hatte für meine Performance keinen Plan und lediglich beschlossen, mit einer dünnen Plastikfolie zu experimentieren, wie man sie beim Renovieren benutzt, um die Möbel abzudecken. Alle hatten ihre Stücke gezeigt.

Ich kam als Letzter an die Reihe, hatte meine Kleider abgelegt und mich mit der Folie umwickelt. Ein Stein zog meine Aufmerksamkeit an, und auf der anderen Seite des Baches sah ich eines dieser vierkantigen Löcher, das genau die passende Größe für den Stein zu

haben schien. In mir formte sich das Bild vom Überschreiten des Flusses als Metapher für das Sterben. Es war der Tag der Beerdigung. Der Stein wog schwer, und es war nicht einfach, in der Strömung auf den gerundeten Felsen im Flussbett an das andere Ufer zu gelangen. Dort passte der Stein, als wäre er für diesen Platz gemacht. Als ich ihn hinein fügte, war seine Last von mir genommen. Dann begann ich, meinen Körper von der Folie zu befreien. Ein leichter Wind wehte durch das Tal herunter, griff unter das durchsichtige fast gewichtslose Material und ließ es schweben. Die Seele löste sich vom Körper, und ich machte den Körper unsichtbar, indem ich mich hinter die Felsen zurück zog und aus dem Blickfeld der Zuschauer verschwand.
So hatte mein *big mind* in einer Mischung aus Absicht und unbewusster Umsetzung an diesem Tag mein Gedenken an den Freund ausgeformt.

Der Gruppe hatte ich zuvor nichts von diesem Hintergrund mitgeteilt, manche fanden mein Stück verstörend und verstanden seinen tieferen Sinn erst, als ich ihnen von der Beerdigung erzählte.

Als ich wieder zu Hause war, fand ich in meiner Post die Traueranzeige für einen ehemaligen Klienten, der schon seit einigen Jahren unter einer schweren Autoimmunerkrankung litt und mit dem ich viele Stunden gearbeitet hatte. Er war genau an dem Nachmittag verstorben, als ich den Fluss querte.

Deep Nature – eine Tanz- und Klangperformance im Wald

Nach den Erfahrungen mit meinen Performance-Workshops in der Natur und meiner eigenen Begeisterung für die beeindruckenden Darbietungen der Kursteilnehmer fand ich, dass diese Arbeit einer größeren Öffentlichkeit zugänglich gemacht werden sollte.
Mir gefiel die Idee, mit Studenten eine Performance zu erarbeiten, die zu Semesterende in eine öffentliche Vorführung münden würde, und ich wandte mich an das Institut für angewandte Theaterwissenschaften, wo ich einige Jahre zuvor Lehraufträge unterrichtet hatte. Die Fakultät zeigte kein Interesse, und so ging ich in Eigeninitiative daran, ein Konzept zu entwickeln.
Der stadtnahe Philosophenwald, der sich wegen seiner großen Fledermauspopulation zu einem verwunschenen Urwald zurückentwickeln sollte, wurde vom zuständigen Förster aus Sicherheitsgründen als Spielort abgelehnt. Die Wege dort durften aus Haftungsgründen nicht verlassen werden, denn Totholz könnte herunterfallen.

Oberhalb der Rodelwiese auf dem Gießener Hausberg lag das ehemalige Kloster Schiffenberg, bei dessen Renovierung kürzlich entdeckt wurde, dass der Dachstuhl der Basilika original aus dem zwölften Jahrhundert stammte, ein einzigartiges Kulturdenkmal von nationaler Bedeutung.
In dem ausgedehnten Buchenwald unterhalb des Klosters waren die Jogger unterwegs, und auf den vielen Wegen, die sich um den Berg herum zogen, konnte man sich durchaus verlaufen.
Dort begann ich, verschwiegene Plätze zu erkunden und legte mich schließlich auf einen Rundgang fest. Von einer seitlichen Pforte in der Klostermauer folgte ich einem Weg in den Wald hinunter, erreichte einen

offenen Holzpavillon und kam an Ausbuchtungen im Gelände vorbei, aus denen in früheren Zeiten Basalt abgebaut wurde. Die Zuschauer würden eine Wildschweinsuhle passieren, sie würden an liegendem Gehölz, dichtem und lichtem Unterholz vorbeigeführt werden und schließlich den Waldrand gegenüber dem Haupteingang zum Kloster erreichen.
Es gab Plätze, wo das Publikum in unmittelbarer Nähe zu den Performern sein konnte und andere, wo ein Blick auf große Entfernung die Perspektiven verändern und die Ganzheit des Waldes erfahrbar machen sollte.
Wenn die einzelnen Vorführungen fünf Minuten dauerten, würde der gesamte Rundgang nach knapp eineinhalb Stunden zu Ende sein.

Die Aufführung war für Ende August anvisiert, und im Laufe des Jahres besuchte ich häufig den Rundweg mit seinen Plätzen, um das Projekt innerlich reifen zu lassen.
Die Verwandlung des Waldes in den Jahreszeiten veränderte ständig die Perspektiven, die frühen Bodenblüher verschwanden, das Grün wurde dunkler, der Bärlauchgeruch des Frühjahrs wich den sommerlichen Dünsten des Waldbodens, sodass meine Visionen ebenfalls einem ständigen Wandel unterworfen waren.
Letztlich würden aber die beteiligten Tänzerinnen und Tänzer erarbeiten, was an den jeweiligen Plätzen geschehen sollte.

Neben dem inhaltlichen gab es nun vor allem den organisatorischen Teil, der nahezu in eine Vollbeschäftigung ausartete.
Ich fragte Soto und Eduardo und mehrere Profis aus unseren früheren Movement Awareness Trainings, ob sie dabei sein würden, dazu eine befreundete Malerin und einen Freund, der ungewöhnliche Instrumente für Musiktherapie und Weltmusik entwickelte.

Ich suchte Sponsoren, holte Genehmigungen beim Förster und beim Ordnungsamt ein, stellte Anträge, um in das Programm des Kultursommers aufgenommen zu werden und sichtete Termine, um nicht aus Versehen eine Überschneidung mit dem Konzertwochenende der Blaskapellen aller umliegenden Gemeinden im Klosterhof zu erleiden.

Mit der Hilfe eines Gymnasiasten, der am Grafikprogramm seines PCs sehr fit war, entwarf ich ein Plakat, ließ Programmhefte und Eintrittskarten drucken und informierte die Presse.

Lange vor Ende August begann im Bioladen der Verkauf der Eintrittskarten. Da geplant war, an den beiden Aufführungstagen Gruppen von je zwanzig Zuschauern im Halbstundentakt von einem Aufführungsort zum nächsten zu führen, war es ein komplizierter Vorverkauf, der die Bioladen-Leute eine Menge Nerven kostete.

Alle Karten wurden verkauft!

Dann kamen die Tage vor dem Aufführungswochenende und die Künstler reisten aus allen Ecken der Republik an. Die einzelnen Stücke nahmen an ihren Plätzen im Wald Form an, und in der Art meiner Workshops gaben wir uns gegenseitig Feedback.

Teilnehmer aus meinen Tanzgruppen übernahmen die Funktion von Fremdenführern und begleiteten die Zuschauergruppen von der Pforte in der Klostermauer entlang des Weges. Es wurde ein schweigender Rundgang.

Im ersten Teil lenkten wir mit leeren Bilderrahmen die Blicke der Zuschauer auf besondere Wurzelgebilde, Pilze oder schöne Mooskissen, die dadurch aus ihrer Umgebung hervorgehoben wurden; die Malerin hatte entlang des folgenden Wegabschnittes Häkelobjekte platziert, die mit ihren rosa Farben eine seltsame Fremdwirkung in dieser Umgebung entfalteten.

Danach erreichten die Zuschauergruppen Eduardos Platz. Obwohl er sich kurz zuvor den Fuß gebrochen hatte, wollte auf seine Teilnahme nicht verzichten und entwickelte deshalb innerhalb eines Steinkreises eine ruhige, meditative Performance, spielte den Berimbau und sang dazu Töne.

Von der Mitte des Pavillondaches ließen wir einen zwei Meter langen messingglänzenden Röhrengong herabhängen, um den herum sich das Publikum mit geschlossenen Augen niedersetzte, um den an- und abschwellenden Klängen zu lauschen.

Nicht weit davon entfernt hatte Ingo, der Instrumentenbauer, einige Wochen zuvor einen schräg gewachsenen Baum entdeckt, an den er einen passend zurecht gesägten starken Stamm anfügte, sodass ein großes Dreieck entstand. Dort hinein spannte er mit vielen Schnüren, wie in ein überdimensionales Spinnennetz, einen Holzrahmen und ein nasses Trommelfell, das im Laufe der Wochen trocknete, sich spannte und eine große Trommel bildete.

In dem ehemaligen Steinbruch neben der Baumtrommel zeigte sich Soto, der seinen nackten Körper im krassen Kontrast zu seinem fast weißen Haar mit Holzkohle geschwärzt hatte. Er wirkte wie aus einer anderen Zeit und einer anderen Welt, und seine Bewegungen und sein Ausdruck stifteten Gefühle zwischen peinlichem Wegschauen, Ängstlichkeit, Neugier und Faszination. Zwischen ihm und Ingo, der mit Lendenschurz, Federschmuck und merkwürdiger Körperbemalung die Baumtrommel zum Klingen brachte, entstand ein perfektes Zusammenspiel von Rhythmus und Bewegung.

Ich selbst hatte eine Senke gefunden, die mit altem Laub angefüllt war. Meinen ganzen Körper hatte ich mit grüner Theaterfarbe bedeckt, tauchte aus dem Laub auf und bewegte mich wie ein Reptil auf die Zuschauer zu. In ihrer Nähe hatte ich einen Spiegel verborgen. Darin entdeckte ich mein eigenes Bild und bewegte dann den Spiegel so, dass die Zuschauer Aspekte des Waldes oder den Himmel zwischen den Baumkronen darin gespiegelt sahen, und schließlich sich selbst – Menschen in zivilisierter Kleidung im Kontrast zu den erdigen Aspekten des Waldes.

Dann gab es neben einigen anderen noch die zwei Frauen, die sich mit weißen Bändern umwickelt hatten und sich in der schlammigen Wildschweinsuhle wälzten, bis ihre Reinheit vollständig vom Schlamm besudelt war. Sie brauchten einen großen Vorrat an Tüchern, um für jede neue Besuchergruppe wieder strahlend weiß zu sein, und das kühle Wetter am zweiten Tag machte ihre Performance zu einer echten Tortur.

Ein weiterer Ort war ein weit entfernter Baumstamm, auf dem die Blicke der Betrachter einen gelben Körper entdeckten, der dort lange ruhte und sich endlich schlangengleich in Bewegung setzte.

Schließlich verließen die Gruppen den Wald und sahen eine schöne Frau im pinkfarbenen Ballkleid, die ganz auf sich bezogen tanzte, das Kleid abstreifte und in einem grünen Unterkleid zwischen den Bäumen verschwand.

Der ganze Weg wurde schweigend zurückgelegt, und um die Ruhe und meditative Stimmung nicht mit Applaus zu stören, lagen am Ende Rückmeldebücher bereit, in welche die Zuschauer ihre Eindrücke schreiben konnten.

In der Zeitung wurden wir mit einem Bild gewürdigt, aber der Autor kam über die Beschreibung einiger Akteure nicht hinaus und war am Ende ratlos, was er von dem Ganzen halten sollte. Im Gegensatz dazu fanden sich in den Rückmeldebüchern ungezählte begeisterte Kommentare.

Zehn Jahre später kam ich in einer Unterhaltung zufällig auf die Performance zu sprechen, und meine Gesprächspartnerin staunte nicht schlecht, dass ich der Organisator dieses Events war. Sie meinte, es sei zu dieser Zeit eines der nachhaltigsten kulturellen Erlebnisse für sie gewesen.

Bemerkenswert finde ich, dass es damals ohne Absprache mehrere solcher Kunstaktionen in der Natur gab, allerdings mit Kunstobjekten und nicht mit Life-Darbietungen wie bei uns. Das Prinzip der geführten Wanderung zu den Aufführungsplätzen ist mir später ebenfalls noch häufiger begegnet.

Eine Besonderheit unserer Aktion muss vor allem der schweigende Gang und die dadurch erzeugte meditative Stimmung gewesen sein.

11 Zusammengefügt

Wenn ich meine berufliche und persönliche Entwicklung betrachte, fällt mir an vielen Stellen das Wort Fügung ein. War es Fügung, dass ich die Telefonnummer bekam, die mich zu Soto führte und später zu Anna Halprin? War das Zusammentreffen mit dem Tagungsleiter in der Lindauer Gasse, das mir meine ersten öffentlichen Vorträge eröffnete, Fügung oder Zufall? Wie ist es einzuschätzen, dass ich meine Gefängnisarbeit genau zum *richtigen* Zeitpunkt protokolliert hatte?

Fügung hat für mich nichts mit göttlich gesteuerten oder schicksalhaften Ereignissen zu tun. Fügung als etwas aufzufassen, das von außen auf mich einwirkt und auf das ich keinen Einfluss habe, macht das Leben zwar scheinbar leichter, weil es weniger verantwortliche Entscheidungen verlangt.
Eine solche Sichtweise liefert aber auch eine bequeme Entschuldigung für den Mangel an Selbststeuerung.

Ich bin weit davon entfernt zu glauben, dass wir unser Leben vollständig in der Hand haben. Dafür gibt es zu viele Situationen, in denen wir ausgeliefert sind und eingeschränkte oder gar keine Handlungsmöglichkeiten haben.
Wir sind definitiv nicht für alles, was uns widerfährt, selbst verantwortlich, sei es Krankheit oder Glück. Manchmal sind wir auch einfach zu müde und zu erschöpft, um Entscheidungen zu treffen, was ebenfalls in Ordnung ist.
Aber genau so fest bin ich davon überzeugt, dass wir unser Leben beeinflussen und zu einem guten Teil selbst steuern können.

Eine Fuge in der Musik oder bei einer schönen Holzarbeit ist ein passgenaues und geschmeidiges Zusammentreffen von Teilen, die sich zusammenfügen lassen oder zusammengehören.
Fügungen im Leben lassen sich als etwas genau so Kunstfertiges betrachten. Es gibt eine Idee oder eine Absicht, und es gibt Umstände, Achtsamkeit *und* Fertigkeiten, die dazu beitragen, dass sich die Idee umsetzen wird. Vielleicht hilft dabei eine zufällige Begegnung, deren innewohnenden Möglichkeiten man erkennt und zur rechten Zeit am Schopf packt.
Der Bewegungsfluss spielte in Sotos Movement Awareness Training eine große Rolle. Sich geschmeidig in einen laufenden Vorgang einzufügen und an passender Stelle eigene Impulse zu setzen, tauchte in allen Inhalten des Trainings auf, sei es beim Bewegungsritual, den Kampfkünsten oder in der Performance-Arbeit.

Eine Freundin sagte einmal, Ihr Feldenkrais-Leute seid in Bezug auf Bewegung die Weltmeister in Achtsamkeit. Ich hätte ihr keinesfalls widersprochen.
Achtsamkeit, die auf Bewegung fokussiert ist, bremst jedes Gedankenkarussell aus. Sie erweitert mit den Bewegungsfähigkeiten auch die Denkstrukturen und schafft einen größeren Spielraum für den *big mind,* von dem die wesentlichen Lebensentscheidungen getroffen werden.
Aber auch die soziale Komponente durch Begegnungen im Tanz, in den Kampfkünsten und in Gruppenprojekten, wie ich sie bei Soto kennengelernt und später vertieft habe, können den Prozess der Selbststeuerung nachhaltig befördern.
Entscheidend ist, zu *spüren*, welche der vielen zur Auswahl stehenden Möglichkeiten einem gut tun, sodass der *big mind* wirksam werden kann. Nicht der kleine grüblerische Verstand trifft dann die Entschei-

dungen, sondern der tiefer im Nervensystem verankerte Geist, aus dem die Weisheit erwächst.

Seine Assistenten sind eine gute körperliche und mentale Wahrnehmungsfähigkeit und die daraus erwachsenden Selbstreinigungskräfte, die den Verstand immer wieder vom Müll überflutender Reize und vom durch sie ausgelösten großen Rauschen im Nervensystem befreien.

Jedem von uns bietet sich öfter als gedacht eine Möglichkeit, solch einem Reichtum an Bewegung zu begegnen, ihn in vollen Zügen auszuschöpfen und sich damit einem selbstverantwortlichen Leben anzunähern.
Durch Achtsamkeit
In Bewegung.

Danksagung

Im Laufe seiner vielen Jahre als Masseur hatte sich mein Vater, Kurt Bühler, ein großes Wissen über den menschlichen Körper, dessen Struktur, seine Bewegungsmöglichkeiten und über Wege der Einflussnahme angeeignet. Die Unterstützung durch meine Mutter ermöglichte es ihm, sich in seiner Arbeit so meisterhaft zu entwickeln. Seine Hände gaben es an seine Patienten weiter, und auch in mir hinterließen sie bleibende Spuren. Dieses Wissen niederzuschreiben, um es auch theoretisch weiterzureichen, war ihm in seiner Blindheit nicht möglich.
Vor einiger Zeit fragte mich Cornelia Loehmer, ob ich eigentlich schon einmal meine Arbeit beschrieben hätte. Das war der Auslöser, mich an den Computer zu setzen und es überraschte mich, wie leicht der Text zu mir kam. Ich gab ihr eine Leseprobe, und ihre Reaktion ermunterte mich zum Weitermachen.
Bedanken möchte ich mich außerdem bei Luise Reddemann und Cornelia Berens, die mir als Probeleserinnen den Mut machten, nicht aufzugeben.
Besonders danke ich meinen Lehrerinnen und Lehrern, die mir all diese Erfahrungen ermöglicht haben, allen voran Soto. Nicht zuletzt gilt mein Dank den vielen Teilnehmerinnen und Teilnehmern meiner Kurse und Workshops, die es mir möglich machten, meine eigene Sicht auf die Bewegungskunst zu entwickeln.
Meine Frau begleitete mich auf einem großen Teil meines Erfahrungsweges, organisierte die ersten Trainings mit Soto und ließ mir den Raum für meine kreative Entwicklung. In der Zeit des Schreibens unterstützte sie mich mit stilistischen und inhaltlichen Anmerkungen und mit ihrer Neugier darauf, wie es im Text weiter gehen würde. Ihr gilt mein besonderer Dank. Deine Anerkennung zu finden für mein Schreiben, hat mich besonders stolz gemacht.

Claus Bühler im September 2017

Nachbemerkung

Ich wollte dich, liebe Leserin und lieber Leser, aus einer ganz persönlichen Perspektive heraus an meinen Beobachtungen und Erfahrungen zur Körperlichkeit teilhaben lassen und zur Selbstbeobachtung anregen.
In den Seiten dieses Buches tauchen Informationen auf, die nicht mit genauen Quellenangaben belegt sind.
Im Laufe der Jahre trafen Berichte über neue wissenschaftliche Erkenntnisse bei Vorträgen, in der Presse oder in den Medien mit meinen Erfahrungen am eigenen Leib zusammen. Sie bestätigten mir, was ich selbst vermutet, gelernt, entdeckt oder erkannt hatte, und vermittelten mir neue Einsichten.
Neues Wissen wird am besten dann nachhaltig in das Gedächtnis eingespeichert, wenn Vorinformationen oder Erfahrungen bereits vorhanden sind. Das Wissen bleibt, und die Quelle geht oft verloren. Dieses Buch hat nicht den Anspruch, einem wissenschaftlichen Format zu genügen, aber so weit wie möglich habe ich im Folgenden die Quellen benannt, aus denen ich wertvolle Anregungen bekommen habe.

Literatur

Almeida, Bira: Capoeira: A Brazilian Art Form. Berkeley California 1986
Bauer, Joachim: Selbststeuerung. München 2015
Buckard, Christian: Moshé Feldenkrais - der Mensch hinter der Methode. Berlin 2015
Ditfurth, Hoimar von: Der Geist fiel nicht vom Himmel, Hamburg 1976
Doidge, Norman: Wie das Gehirn heilt. Frankfurt 2015
Feldenkrais, Moshé: Bewusstheit durch Bewegung - der Aufrechte Gang. . Nach d. vom Autor bearb. engl. Fassung übers. u. mit einem Nachwort vers. v. Franz Wurm. Frankfurt 2014 (1968).
Feldenkrais, Moshé: Der Weg zum reifen Selbst. Aus dem Englischen von Bringfried Schröder. Hg. u. mit Anm. vers. von Robert Schleip. Paderborn 1994
Feldenkrais, Moshé: Hadaka Jime: the core technique for practical unarmed combat / preface, afterword, footnotes, and additonal photos by Moti Nativ. Longmont, Colorado 2009 (1942).
Halprin, Anna: Das Bewegungsritual. Kentfield 1979
Hegmanns, Dirk: Capoeira - Die Kultur des Widerstandes. Stuttgart 1993
Kaltenbrunner, Thomas: Contact Improvisation: Bewegen, Tanzen und sich Begegnen; mit einer Einführung in New Dance. Aachen, 3. überarb. Aufl. 2009 (1998).
Ruge/Weise Hrsg.: Zuerst bin ich im Kopf gegangen Karlsruhe 2007
Spitzer, Manfred: Vortrag Lindau 2001. (Auf www.lptw.de/archiv)
Sweigard, Lulu E.: Human movement potential. Its ideokinetic facilitation. Lanham [u. a.]: Harper and Row, 1988 (1974)
Todd, Mabel E.: Der Körper denkt mit: Anatomie als Ausdruck dynamischer Kräfte. Aus dem Englischen von Peter Gütinger. Bern, 4. unveränd. Aufl., 2017 (2001)

Sehenswert

Breath Made Visible.
Filmbiografie/Tanzfilm über Anna Halprin von 2009 von Ruedi Gerber auf DVD

Links

www.feldenkrais.de
(Feldenkrais-Lehrer in Wohnortnähe finden)

www.sotomotion.com
(Die Seite meines Freundes Soto)

Außerdem von Claus Bühler erschienen:

Atem, Bewegung, Imagination –
4 Feldenkrais-Lektionen im Sitzen à 15 Minuten auf einer Hör-CD

Feldenkrais-Methode – Bewusstheit durch Bewegung
8 Lektionen auf 4 Hör-CDs, orientiert an Anna Halprins Movement Ritual

Bei Interesse an meiner Arbeit finden sich Termine von Seminaren oder Gruppen auf meiner Homepage (s.u.).

Kontakt:
Claus Bühler
claus@bewegungskunst.com

www.bewegungskunst.com

Printed in Germany
by Amazon Distribution
GmbH, Leipzig